»Böse« Frauen

FRAUENBIBELARBEIT

Herausgeberinnen der Reihe
Bettina Eltrop, Sabine Bieberstein, Anneliese Hecht,
Hedwig Lamberty-Zielinski, Gabriele Theuer

Band 15

»Böse«
Frauen

Herausgegeben von
Anneliese Hecht

Verlag Katholisches Bibelwerk Stuttgart
Klens Verlag Düsseldorf

www.bibelwerk.de

Alle Rechte vorbehalten
© 2005 Verlag Katholisches Bibelwerk GmbH, Stuttgart
und KlensVerlag GmbH, Düsseldorf
Für die Texte der Einheitsübersetzung der Heiligen Schrift
© 1980 Katholische Bibelanstalt, Stuttgart
Umschlaggestaltung: ABSICHT AG, Stuttgart
Gesamtherstellung: J. F. Steinkopf Druck GmbH, Stuttgart

ISBN 978-3-460-25295-0
ISBN 3-460-25295-2 (Verlag Katholisches Bibelwerk)
ISBN 3-87309-209-3 (KlensVerlag)

Inhaltsverzeichnis

Vorwort

„Brave Mädchen kommen in den Himmel, böse kommen überall hin" – das war nicht nur der Titel eines Buches vor einigen Jahren. Der Spruch wurde als Anstecker, Spruchkarte und Aufdruck auf T-Shirts beliebt. War es früher eine Katastrophe, ein „böses Mädchen" zu sein, ist es heute für manche sogar schick. „Ich muss so oft nett sein, dass ich manchmal so richtig Lust habe, mal fies zu sein, zu wüten.... Aber wann kriege ich schon die Gelegenheit dazu?" sagte unlängst eine Frau zu mir, die beruflich viel bewegen muss.

Hat man in diesem Band die Gelegenheit dazu, von biblischen Frauen zu lernen, was so richtig böse ist? Ob jemand als „böse" bewertet wird, das liegt zunächst einmal im Auge des Betrachters. So gab es in der Entstehungsphase des Buches heiße Diskussionen: Kann man so einen Titel nehmen? Müsste der Band nicht viel mehr heißen „ Berühmt-berüchtigt – das immer wieder aktualisierte Klischee von der bösen Frau" oder „verdächtigte Frauen" oder „Wie aus Opfern Schuldige werden" oder „Wie Frauen verteufelt werden"? Ein vielschichtiges Thema. Auf jeden Fall sagen die Bewertungen der Bibel und die der Auslegungsgeschichte mehr über die Perspektive der (männlichen) Ausleger aus als über die entsprechenden biblischen Frauen selbst. Sehr häufig nämlich sind die Akzente verschoben: aus Batseba, der von David Benutzten, wird z.B. in vielen Auslegungen und Kunstbildern die Verführerin.

So ist der vorliegende Band gegliedert von den Verdächtigungen und Etiketten her, die diesen biblischen Frauen in der Kirchengeschichte und bis heute von (überwiegend männlichen) Auslegern übergestülpt wurden. Die Anführungszeichen im Titel machen deutlich, dass da oft genauer hingeschaut werden muss und häufig ganz anderes, bisher nicht Beachtetes zutage tritt und das Urteil notwenig anders ausfallen lässt. Denn Kommentatoren und Prediger benutzen die Abwertung „böse" nicht selten dazu, Frauen ihrer Zeit in die von ihnen gewünschten Bahnen zu lenken. So sagt im Märchen vom „Fischer und seiner Frau" der Gebrüder Grimm der Mann von Ilsebil (das ist die biblische Isebel) als Grund für ihre Bosheit: „Die Ilsebil will nicht, wie ich es will." Seine Frau strebt nach Macht. Das muss schlecht ausgehen in patriarchalen Strukturen.

Es tut gut, Bewertungen und Zuschreibungen besser einschätzen und einordnen zu können in Zusammenhänge und Hintergründe. Vor allem wenn es um Abwertungen geht. Dafür muss man/frau mehr wissen. Dazu will das Buch beitragen. Beim genaueren Augenschein zeigt sich ein vielfarbiges Bild, das nicht einfach von Vorverurteilungen und Eigenzwecken bestimmt ist. So hoffe ich, dass die vorliegenden Artikel für Sie erhellend und spannend sind und dass dieses streitbare Thema Ihnen durchaus auch wert ist, Gegenstand von Bibelarbeiten zu sein.

Anneliese Hecht

Sabine Bieberstein

Es kommt auf die Perspektive an!

„Böse" Frauen in der Bibel

Wer kennt sie nicht: Eva, die Verführerin, die die Sünde in die Welt brachte. Isebel, die Königin, die über Leichen geht. Judith, die männermordende Schöne. Maria Magdalena, die verruchte und dann büßende Sünderin. Kunstgeschichte, Literatur und Predigten haben sich genüsslich an diesen und anderen biblischen Frauengestalten geweidet. Aber stehen alle diese Dinge tatsächlich so in der Bibel? Oder sind sie nicht erst ein Produkt der Auslegung der Texte? Und wenn sie so in der Bibel stehen: Wer hat ein Interesse an solchen Geschichten? Und wer will was damit bewirken?

Wenn wir uns mit „bösen" Frauen in der Bibel beschäftigen, stehen wir also vor einer komplexen Sachlage. Zwischen uns und den Texten steht zunächst die lange und über weite Strecken frauenfeindliche Auslegungsgeschichte, die – oft unbewusst – bereits unsere Wahrnehmung der Texte prägt. So ist von der späteren Verfemung Evas in den Schöpfungsgeschichten selbst noch nichts zu spüren, und auch Maria von Magdala wird in den biblischen Texten an keiner Stelle als Sünderin bezeichnet. Es gilt also erst einmal zwischen all den Bildern, die sich in unseren Köpfen eingenistet haben, und den Texten selbst zu unterscheiden.

Aber auch im Blick auf die Texte ist eine gewisse Vorsicht angebracht. Es ist ja längst klar: Die Bibel ist zum größten Teil sicher nicht von Frauen, sondern von Männern oder männerdominierten Gruppen geschrieben worden, und entsprechend gibt sie auch einen Männer-zentrierten (androzentrischen) Blick auf die Wirklichkeit wieder. Sie ist also mit einem gewissen Verdacht zu lesen: dass hier männliche und/oder patriarchale Interessen verfolgt werden. Das ist in biblischen Texten nicht anders als in anderen Texten. Zum Beispiel ist zu fragen, ob nicht mit Hilfe bestimmter Frauenbilder die dominierende Stellung von Männer(gruppe)n in der Gesellschaft gefestigt wird. Etwas vereinfacht gesagt: Wenn lange genug erzählt wird, wie sündhaft Frauen sind, und dass sie all ihre Verführungskünste dafür einsetzen, um Männer zum Bösen zu verleiten – wie ja schon das Beispiel von Eva eindrücklich „zeigt" –, dann lassen sich restriktive Maßnahmen gegen Frauen viel einfacher plausibel machen und durchsetzen. Oder wenn drastisch dargestellt wird, welch fatale Folgen die Herrschaft einer Frau als Königin hat, dann können Frauen weiterhin mit „guten" Gründen von jeglichen Machtpositionen ausgeschlossen werden. Und so weiter. Es ist also zu fragen, wer mit den Geschichten welche Ziele erreichen und wovon er (oder sie) die Adressatinnen und Adressaten überzeugen will. Und es muss geprüft werden, wer die Verbote aufstellt, die die „bösen" Frauen dann übertreten. Wer definiert, was „böse" ist? Sind die diffamierten Frauen nicht oft unangepasste, eigenständige Frauen, die sich der männlich-patriarchalen Kontrolle entziehen?

Es ist aber noch etwas zu bedenken: Selbst wenn wir eine frauenfeindliche Auslegungsgeschichte durchschauen und frauen-ausschließende Interessen in den Texten selbst entlarven, dann bedeutet das nicht, dass alle Frauen automatisch gut oder nur die Opfer der Verhältnisse sind. Es gilt, sich von solch vereinfachenden Sichtweisen zu verabschieden. Frauen sind, je nach den Möglichkeiten und gesellschaftlichen Positionen, die sie haben, verstrickt in Unrechtsstrukturen, sie sind Komplizinnen, Täterinnen und Mittäterinnen, sind gewalttätig und machen andere – Frauen, Männer und Kinder – zu Opfern.

Das alles muss uns bewusst bleiben, wenn wir uns nun auf einen Streifzug durch die biblischen Bücher begeben. Welche Frauen werden als „böse" dargestellt? Und wer bestimmt, was als böse gilt? Welche Interessen lassen sich in den Texten entlarven und welche Frauen(wirklichkeiten) hinter den Texten entdecken? Wie lassen sich die Geschichten lesen, um zu einer differenzierten Sicht auf Frauenwirklichkeiten zu kommen?

„Von einer Frau nahm die Sünde ihren Anfang ..." (Sir 25,24)

Natürlich fing mit Eva alles an: die Sache mit der Sünde im Allgemeinen und mit den bösen Frauen im Besonderen. Das zumindest wollen uns schon biblische Polemiken glauben machen: „Von einer Frau nahm die Sünde ihren Anfang, ihretwegen müssen wir alle sterben", behauptet der Gelehrte Jesus Sirach, und er rät deshalb seinen männlichen Lesern: „Gib dem Wasser keinen Abfluss und einer schlechten Frau keine Freiheit." (Sir 25,24-25) Auch der Verfasser des 1. Timotheusbriefs steht dahinter nicht zurück: „Zuerst wurde Adam erschaffen und nicht Eva. Und nicht Adam wurde verführt, sondern die Frau ließ sich verführen und übertrat das Gebot." (1 Tim 2,13-14) Das muss ihm zur Begründung herhalten, Frauen von der Lehre auszuschließen und sie das Heil allein im Kinderkriegen finden zu lassen (1 Tim 2,11-12.15).

Beide Texte machen deutlich, wie Eva – und mit ihr alle Frauen – schon in der innerbiblischen Interpretationsgeschichte von Gen 3 zum Anfangspunkt menschlicher Schuldgeschichte und Einfallstor „des Bösen" in der Welt gemacht wurde. Mit der Schöpfungsgeschichte selbst, die die menschliche Befindlichkeit in der Welt beschreiben will, hat das nichts mehr zu tun.

„Fall nicht herein auf die Schönheit einer Frau!" (Sir 25,21)

Frauen werden aber nicht nur als vom Bösen Verführbare und Verführte gesehen, sondern wegen dieser Nähe zur Sünde auch als Verführerin: vor allem die sexuelle Verführungskraft von Frauen bringt „anständige" Männer zu Fall. Die einfluss-reiche Frau des Potifar zum Beispiel, die den „unschuldigen" Josef umgarnt (Gen 39), Delila, die Simson um das Geheimnis seiner Kraft bringt (Ri 16), die „fremde" Frau, die in der Weisheitsliteratur den jungen Männern als ständige Bedrohung vor Augen geführt wird (Spr 2,5; 6,7; Sir 25,26). Dabei schillert die Verführungskraft der Frauen nicht selten zwischen sexueller Verführung und Verführung zur Un-treue gegenüber dem Gott Israels. Dazu passt wiederum, dass nicht wenige der Ver-führerinnen Ausländerinnen sind.

Eine Personifizierung erfährt diese Verführerin zur Abtrünnigkeit in der Hure Babylon im Buch der Offenbarung (Offb 17). Ausgestattet mit allen Reichtümern der Welt, mit Purpur, Gold und Edelsteinen, verleitet sie die Könige der Welt zur Unzucht mit ihr und macht sie durch ihren Wein betrunken. Sie ist „die große Stadt, die die Herrschaft hat über die Könige der Erde" (Offb 17,18), und gemein-sam mit dem Tier, auf dem sie sitzt, ist sie als Verkörperung der römischen Herr-schaft zu verstehen. Fast keine damals bekannte Weltgegend hatte sich der gewalt-samen Eroberungspolitik dieses Reiches widersetzen können oder war nicht zu-mindest der trügerischen Faszination dieser Macht erlegen. Unter den Auswirkun-gen dieser Herrschaft hatte die Gemeinde des Offenbarungsbuches tagtäglich zu leiden. Die Frau ist betrunken „vom Blut der Heiligen und vom Blut der Zeugen Jesu" (Offb 17,6). Die Schwestern und Brüder dieser Ermordeten sprachen sich mit dieser apokalyptischen Schrift Mut zu: Die Stadt würde untergehen, ihre Herr-schaft nicht von Dauer sein (Offb 18). Die erst mächtige und dann gestürzte Hure Babylon als Personifizierung der widergöttlichen Macht dient als eines der Hoff-nungsbilder, mit denen die unerträgliche Gegenwart durchsichtig gemacht wurde für die ersehnte Nähe Gottes, die diese Gegenwart zu verwandeln vermochte.

„Sie machten sein Herz abtrünnig ..." (1 Kön 11,3)

Welch weitreichende politische Konsequenzen die Verführungskraft von Frauen hat, machen verschiedene Erzählungen der Königsbücher deutlich. So wird der sprichwörtlich weise König Salomo durchaus positiv beschrieben – bis auf einen gravierenden Makel: Er liebt nicht nur eine Tochter des ägyptischen Pharaos, son-dern noch eine Menge anderer ausländischer Frauen. Diese Frauen, die ihre Kulte und Religionen mit nach Israel brachten, „machten sein Herz abtrünnig" (1 Kön 11,3), so dass sich auch Salomo deren Gottheiten zuwandte. Dies provoziert den Zorn Gottes und die Verurteilung durch die biblischen Autoren: Es ist der Anfang des Niedergangs der davidischen Dynastie und damit letztlich der Grund für die Katastrophe der Einnahme Jerusalems durch die babylonischen Truppen und das folgende babylonische Exil (1 Kön 11,9-13).

Noch schlechter kommt eine andere ausländische Frau weg: Isebel, die sidoni-sche Königstochter und Frau des Königs Ahab. Sie verführt nicht nur ihren Mann zum Baals-Glauben, sondern bekämpft mit allen Mitteln den JHWH-Kult, bis dahin, dass sie dessen ProphetInnen umbringen lässt (1 Kön 18,4). Sie entpuppt sich immer mehr als Hauptgegnerin des Gottesmannes Elija, und ihr furchtbares Ende, das in 2 Kön 9,30-37 geschildert wird, sucht seinesgleichen in der biblischen Welt. Als Frau, die „zu allem fähig" ist, wird Königin Atalja dargestellt. Nach der Ermordung ihres Sohnes Ahasja, des Königs von Juda, habe sie, so wird in 2 Kön 11,1-20 berichtet, alle Nachkommen des Königshauses umgebracht, um selber als Königin herrschen zu können. Von ihr wird das Bild einer extrem grausamen Despotin gezeichnet. Doch obwohl es nicht wenige männliche Könige gibt, von denen ähnliche Grausamkeiten überliefert werden (z. B. Manasse), wird allein ihr als Frau von den biblischen Autoren sowohl der Königinnentitel vorenthalten, als auch die in den Königsbüchern ansonsten stets verwendete literarische Formel beim Thronantritt und Tod von Königen, das so genannte Königsformular. Mit anderen Worten: in der Sicht dieser Autoren war der Thron vakant – denn eine Frau saß darauf.

Auch in den Evangelien spielt eine königliche Frau eine durch und durch negative Rolle: Herodias, die Frau des Herodes, deren Machenschaften in Mk 6,17-29 für den Tod Johannes des Täufers verantwortlich gemacht werden. Während Herodes selbst als zwiespältig gegenüber Johannes dargestellt wird, ist sie es, die kaltblütig und geschickt den Tod ihres Feindes herbeiführt.

„… die aus ihrem eigenen Herzen heraus prophetisch reden" (Ez 13,17)

Das Motiv des „rechten" Glaubens spielt eine zentrale Rolle bei der Verdammung von Frauen, die sich als Prophetinnen betätigen oder eigenständige kultische Funktionen ausüben. Ob es die Frauen sind, die im Ritual die sumerische Gottheit Tammuz beweinen (Ez 8,14-15), ob es Prophetinnen sind, die so verwerflich sind, dass ihnen sogar die Betitelung als Prophetinnen vorenthalten wird (Ez 13,17-23), ob es die Frauen sind, die Kuchen für die „Himmelskönigin" backen (Jer 7,16-20) – sie alle ziehen den Unwillen der Vertreter der jahwistischen Hochreligion auf sich.

Diese Linie findet ihre Fortsetzung in der Verketzerung und Verfluchung einer Prophetin in Offb 2,20-24, für die der Name der Königin Isebel als Schimpfname gebraucht wird.

„Das Land ist zur Dirne geworden!" (Hos 1,2)

Was jene kultisch eigenständigen Frauen tun, zeugt, religionsgeschichtlich gesehen, von vielfältigen Formen der Volksreligiosität, die den Vertretern der JHWH-allein-Bewegung ein Dorn im Auge waren. Es ist kein Zufall, dass diese religiösen Formen in den Texten nicht nur als „Gräueltaten" verurteilt werden (z. B. Ez 8,15), sondern mit einem Begriff bezeichnet werden, der weibliche Assoziationen weckt: dem der Hurerei. Ein Beispiel dafür ist das Buch Hosea. Der Prophet Hosea soll in einer prophetischen Zeichenhandlung eine Hure als Frau nehmen und mit ihr Hurenkinder zeugen. Damit soll Israel ein Spiegel vorgehalten werden, das nach Meinung des Textes JHWH untreu geworden war und „Hurerei" trieb (Hos 1,2). Die Hure wird denn auch zum Bild für Israel, und im Prozess gegen diese Hure und ihrer Demütigung wird das bevorstehende Gericht über Israel ins Bild gebracht (Hos 2,4-17).

Wenn Eva nicht gewesen wäre ...?

Blicken wir zurück: Die verführbare und von der Sünde verführte Frau (Eva) wird zur sexuellen und religiösen Verführerin des Mannes. Nochmals verdichtet wird dies in der Figur der Hure, die zur Personifikation des untreuen Israel oder auch der widergöttlichen Macht Roms wird. Ergänzen lässt sich dieses Spektrum „böser" biblischer Frauen durch eine Reihe kleinerer negativer Erzählfiguren: die Sklavin im Hause des Hohenpriesters etwa, die Petrus zum Verrat an Jesus bringt (Mk 14,66-72 parr), Saphira, die als Mitwisserin ihres Mannes die Jerusalemer Autoritäten belügt und deshalb sterben muss (Apg 5,1-11), oder die Frauen aus Antiochia, die sich gegen Paulus und Barnabas aufhetzen lassen, so dass diese aus der Stadt getrieben werden (13,50). Die Reihe ließe sich leicht fortsetzen.

Nicht selten sind es, wie Cheryl Exum für das Richterbuch gezeigt hat, selbständig handelnde Frauen, deren Verhaltensweisen als „böse" dargestellt werden. Auf subtile Weise wird dadurch die Botschaft an die Leserinnen ausgesandt, sich im Sinne der herrschenden – patriarchalen – Normen zu verhalten. Ähnlich subtil arbeiten auch die Erzählungen, in denen den Frauen, die zum Opfer männlicher Gewalt geworden sind, die Schuld am geschehenen Unglück aufgeladen wird. Ein Beispiel dafür ist die Geschichte der Tochter Jiftachs (Ri 11,29-40). Jiftach hatte im Krieg das Gelübde getan, Gott als Brandopfer darzubringen, was ihm als erstes aus der Tür seines Hauses entgegen kommen würde. Als dies nun seine Tochter ist, sein einziges Kind, sagt er zu ihr: „Weh meine Tochter! Du machst mich niedergeschlagen und stürzt mich ins Unglück!" (Ri 11,35) Die Schuld am Verlust des einzigen Kindes wird der Tochter aufgeladen, der Vater hingegen, der diesen tödlichen Schwur getan hatte, wird entschuldet.

Für all diese unterschiedlichen Bilder und Geschichten braucht es differenzierte Lesestrategien.

• Frauenfeindliche Bilder und Typologisierungen sind zu entlarven und zu benennen. So muss Eva nicht als Einfallstor der Sünde in die Welt verstanden werden, sondern sie kann, wie dies etwa in der jüdischen Auslegung geschieht, als „Mutter alles Lebendigen" wiederentdeckt und ihre Geschichte in Gen 3 als Beschreibung der menschlichen Situation als wissend und sterblich gelesen werden. Und die frauenverachtende Huren-Typologie darf nicht fortgeschrieben werden, son-

dern ist durch eine präzise Beschreibung der damit gemeinten Situation zu ersetzen.

- Die diffamierten Königinnen und Herrscherinnen sind in ihren Verstrickungen in Macht und Unrecht wahrzunehmen; gleichzeitig müssen aber auch die (im Ge-gensatz zu entsprechendem Männerverhalten) einseitigen Schuldzuweisungen der Texte an diese Frauen als Frauen aufgedeckt werden.
- Die religiös aktiven Frauen sind auf dem Hintergrund der Auseinandersetzungen um die Durchsetzung des jahwistischen Ein-Gott-Glaubens zu verstehen, in de-nen sie eine Konfliktpartei bilden, deren Stimme nicht mehr erhalten ist. Die Be-reiche autonomer Frauenreligiosität sind sichtbar zu machen und die Religions-geschichte Israels ist neu zu erzählen.
- Hinter der Polemik der Pastoralbriefe (1 Tim 2; 5,3-16) lassen sich machtvolle Frauen entdecken, die die angesprochenen Gemeinden maßgeblich mitgestalte-ten, entsprechende Macht beanspruchten und damit den Unwillen des Verfassers (aus dem 2. Jhd., der sich zwar als Paulus ausweist, aber nur in seinem Namen schreibt) erregten. Was ihre Anliegen waren, ist heute leider verloren. Hier braucht es eine kreative Rekonstruktion, um ihre Stimmen wieder hörbar zu machen.
- Die subtilen Schuldzuweisungen an Frauen sind aufzudecken und die wahren Täter zu benennen.

Spuren sind gelegt. Die Beiträge dieses Buches laden ein, sie zu vertiefen.

LITERATUR
Exum, Cheryl, Was sagt das Richterbuch den Frauen? (SBS 169), Stuttgart 1997.
fama 16 (3/2000): Facetten des Bösen.
Meyer-Wilmes, Hedwig, Zwischen lila und lavendel. Schritte feministischer Theologie, Re-gensburg 1996.
Schottroff, Luise / Wacker, Marie-Theres (Hrsg.), Kompendium Feministische Bibelausle-gung, Gütersloh 1999 (darin die Kommentierungen zu den entsprechenden biblischen Büchern).
Schroer, Silvia, Auf dem Weg zu einer feministischen Rekonstruktion der Geschichte Israels, in: *Dies. / Luise Schottroff / Marie-Theres Wacker,* Feministische Exegese. Forschungserträge zur Bibel aus der Sicht von Frauen, Darmstadt 1995, 83-172.

DIE VERFÜHRERIN

Bettina Eltrop

Eva ist an allem Schuld

Bibelarbeit zur Polemik gegen gelehrte Frauen im frühen Christentum
(1 Tim 2,9-15)

Eigentlich könnten wir Eva, der Ur-Frau und Ur-Mutter, unserer gemeinsamen Ur-Vorfahrin, einiges an Bewunderung entgegen bringen: Von Gott vollkommen gestaltet, von ihrem Mann jubelnd begrüßt und in paradiesischer Harmonie mit ihm und jeder Kreatur lebend, hat sie sich mit diesem Zustand nicht begnügt, sondern strebte nach der Erkenntnis von gut und böse, war aktiv statt passiv und trug einen großen, verheißungsvollen Namen: Eva (chawwah) „Mutter aller Lebendigen".

Doch meist haben wir eine andere Sicht: Wir verbinden mit dieser Frau eher negative oder zumindest zwiespältige Assoziationen: schöne Verführerin, die Frau, die die Sünde in die Welt brachte und damit das Paradies für uns alle zum verschlossenen, auf ewig unerreichbaren Garten machte.

Manche verbinden mit Eva vielleicht auch Trauer über verfälschte Frauen-Geschichte(n), über Jahrhunderte während Frauenunterdrückung und Frauenreglementierung oder Wut über den Missbrauch von nackten Frauenkörpern in der Öffentlichkeit, der mit Eva ebenfalls seinen Anfang genommen zu haben scheint.

Die schuldige Verführerin

Die negative Sicht auf Eva, die die meisten von uns verinnerlicht haben, entstand ungefähr ab dem 3. Jh. v. Chr. unter dem Einfluss hellenistischen Gedankenguts und hat auch in den ersten Jahrhunderten n. Chr. Einfluss auf das christliche Frauenbild genommen.

Zwei kurze Texte aus dieser Gedankenwelt sind in den biblischen Schriftenkanon eingegangen und haben die negative Sicht Evas als schuldige Verführerin festgeschrieben: „Von einer Frau nahm die Sünde ihren Anfang, ihretwegen müssen wir alle sterben." (Sir 25,24)

„Ebenso [will ich], dass die Frauen sich in würdiger Kleidung mit Schamhaftigkeit und Sittsamkeit schmücken, nicht mit geflochtenem Haar und Gold oder Perlen oder kostbarem Gewand, sondern mit dem, was sich für Frauen geziemt, die sich zur Gottesverehrung bekennen: mit guten Werken. Die Frau soll in Anpassung und umfassender Unterwerfung lernen. Zu lehren erlaube ich der Frau nicht und auch nicht, Macht über den Mann auszuüben, sondern in Anpassung soll sie existieren. Denn Adam wurde zuerst geschaffen, dann Eva. Und Adam wurde nicht verführt, die Frau aber wurde verführt und geriet in die Übertretung. Sie wird erlöst werden durch Kindergebären, wenn sie (Plural) in Glauben, Liebe und Heiligung mit Sittsamkeit verharren." (1 Tim 2,9-15, Übersetzung Luise Schottroff)

Eva ist nach diesen Texten verantwortlich dafür, dass es Sünde, Schuld und Tod gibt. Frauen scheinen von sich aus nur auf Schmuck, ihr Aussehen und Macht über den Mann aus zu sein. Darum meint der Verfasser des 1. Timotheusbriefs, ausführlich anordnen zu müssen, wie sich christliche Frauen zu verhalten haben: Sie sollen sich nicht schmücken, sondern gute Werke tun, sie sollen sich dem männlichen Geschlecht unterordnen, in Unterordnung lernen - und keinesfalls lehren. Sie sollen Kinder gebären und diese sittsam erziehen – das ist der einzige Weg zu ihrer Rettung.

Beide Texte nehmen auf Eva, „die erste Frau", und damit die biblischen Schöpfungstexte Gen 1-3 Bezug. Allerdings verfälschen sie die Aussageabsichten dieser Texte, die eher von Partnerschaft, Gleichheit und von den paradiesischen wie den schwierigen Seiten des Geschlechterverhältnisses sprechen.

Eva – Gottes Ebenbild, Mensch, Partnerin, Gegenüber

Die Genesistexte am Anfang der Bibel kennen das Gegeneinander-Ausspielen und die hierarchische Unterordnung der Frau unter den Mann noch nicht bzw. thematisieren sie ganz anders als die späteren, aus der griechisch-römischen Zeit stammenden Texte aus dem Buch Jesus Sirach und dem 1. Timotheusbrief.

Mensch – Gottes Ebenbild

Sie gehen davon aus, dass beide, Mann und Frau zusammen geschaffen und zusammen erst Mensch sind: „Und Gott sagte: „Lasst uns Menschen machen als unser Bild ... Und es erschuf Gott den Menschen als sein Bild, als Bild Gottes erschuf er ihn, männlich und weiblich erschuf er sie." (Gen 1,26f. nach der Bibelübersetzung von H. Schüngel-Straumann)

Gen 1,27 spricht davon, dass die **Menschen Gottes „Bild"** sind. Durch Belege aus den Nachbarkulturen Israels wissen wir heute um die genauere Bedeutung dieser Formulierung: Das „Bild" (hebr. selem) entspricht dem Standbild, das der König in der Provinz aufstellt, um seinen Machtanspruch zu zeigen. Ein Bild kann auch ein Kultbild sein, das die Präsenz der Gottheit im Tempel anzeigt. Bilder der Gottheiten sind im Alten Orient die Könige (z.B. der Pharao), die die Aufgabe haben, als ihre Repräsentanten auf der Erde zu herrschen. „Bild" beschreibt damit keine Entsprechung in Aussehen und Gestalt, sondern eine Funktion, die Repräsentanz von Macht. Damit ergeben sich aus der Gottebenbildlichkeit Rechte und Aufgaben für die Menschen – für alle Menschen, nicht nur den König!: Männer und Frauen tragen Verantwortung für die Erde (Gen 1,26-30). Das, was der Text mit „Gottebenbildlichkeit von Mann und Frau" meint, bezeichnen wir heute in etwa mit dem Begriff „Menschenwürde".

Nur zusammen sind Mann und Frau nach den Genesistexten Mensch: „Am Tag, da Gott den Menschen erschuf, machte er ihn Gott ähnlich. Als Mann und Frau erschuf er sie, er segnete sie und nannte sie Mensch an dem Tag, da sie erschaffen wurden." (Gen 5,1bf. EÜ)
Mensch /adam/ wörtl. „Erdenwesen" ist in Gen 1,27 und Gen 5,2 der Name für Mann und Frau.
Beide Stellen sind wie die Überschrift und Zusammenfassung oder wie eine Klammer um all das zu lesen, was in den Kapiteln 2-4, im sog. 2. „Schöpfungsbericht", der sog. „Sündenfallerzählung" und in der Erzählung von Kain und Abel entfaltet wird.
Selbst die stärker patriarchalisch denkende 2. Schöpfungserzählung spricht vom „Menschen" in einer ganzheitlichen Sichtweise. Mann und Frau gibt es erst, als die Frau aus der Seite (nicht aus der Rippe!) des Menschen gebildet ist und der „Restmensch" zum Mann wird. Bis zu diesem Moment heißt es konsequent Mensch (hebr.: adam). Adam ist auch hier eindeutig kein Eigenname sondern eine Gattungsbezeichnung „Mensch".

Partnerin / Gegenüber / Mutter aller Lebendigen
Gen 2 und 3 widmen sich besonders ausführlich dem Geschlechterverhältnis von Mann und Frau. In das Gewand einer mythologischen Erzählung gekleidet werden hier ebenfalls erstaunlich emanzipatorische Aussagen über die Frau gemacht: Sie ist „aus dem gleichen Holz geschnitzt" wie der Mann (Gen 2,23; aus wörtl. der „Seite", nicht der Rippe des Mannes, Gen 2,21), sie ist von Gott als sein Gegenüber gedacht (Übersetzung von Gen 2,20b nach M. Buber), Mann und Frau sind aufeinander bezogen, schämen sich (voreinander) nicht.
All diese Aussagen, die im 2. Genesiskapitel zu finden sind, entwerfen ein ideales Bild von der Gemeinschaft von Mann und Frau, sozusagen den paradiesischen Zustand, wie er von Gott her angelegt und gewollt ist.
Der Verfasser spricht dann im 3. Kapitel von der Beziehung zwischen Mann und Frau theologisch weiter: Gott hat den Garten, den Menschen als Mann und Frau gut geschaffen, aber es gibt auch das Böse, das nicht Gelungene, das Leid. Davon zu erzählen macht der Autor in Gen 3 den Anfang: Im Kleid einer mythologischen Darstellung versucht er zu erklären, dass das Leben, das Gott doch so gut gewollt und geschaffen hat, auch beschwerlich und bedroht ist, dass es sogar den Tod gibt. Die Frau und die Schlange (im hebräischen Bibeltext männlich!), die in der altori-

entalischen Bildwelt häufig als Göttin und Wächter des Heiligen Bezirks oder Baumes miteinander vorkommen, stehen im Zentrum des Textes. Der Verfasser versucht anhand dieser in seiner Umwelt bekannten Bildkonstellation zu entfalten, dass die Menschen Einsicht in göttliche Zusammenhänge, in „die Erkenntnis von Gut und Böse" haben, darum aber auch vielleicht gerade ihre Nacktheit/Gefährdetheit/ ihr Ausgeliefertsein empfinden.

Das 3. Kapitel zeichnet also das Geschlechterverhältnis und die Existenz von Mann und Frau, wie sie de facto ist bzw. wie sie von Gott nicht gewollt ist. Darum wird in den sog. Strafsprüchen über Schlange, Mann und Frau jede/r eigens wegen seiner/ihrer Übertretung des Gebots von Gott zur Rechenschaft gezogen. Die Herrschaft des Mannes über die Frau und die Geburtsschmerzen, die schwere Arbeit, die Feindschaft zwischen Mensch und Tier, der Tod sind nicht von Gott gewollt, sondern Teil des Lebens, das schon nicht mehr ganz gut ist (im Gegensatz zu Gen 1,31), das die Grenzen, die Gott setzt, überschreitet.

Dem Verfasser geht es in Gen 2/3 darum zu zeigen, wie der Mensch in der Welt vor Gott lebt und leben sollte. Gott hat die Schöpfung gut geschaffen und gewollt, jedoch die Menschen, die dazu neigen, über die ihnen gesetzten Grenzen zu gehen, schaden der guten Schöpfung und damit letztlich sich selbst. Ihre Einsichten (die Erkenntnis von Gut und Böse) machen sie zwar klüger, aber entkleiden sie auch jeglicher Naivität.

Gen 3 ist so eigentlich nicht die Geschichte vom „Sündenfall", sondern die Erzählung davon, wie das menschliche Leben als Mann und Frau auf dieser Welt in seiner Härte und Gefährdung erlebt wird. Kein Wort von Alleinschuld oder Mehrschuld der Frau. Im Gegenteil: die Herrschaft von Männern über Frauen versteht dieser Text als eine Folge der Schuld und Übertretung (Gen 3,16). Und die Frau erhält an dieser Stelle der Erzählung sogar noch einen Namen, der Hoffnung sät, dass das Leben doch weitergehen kann: Eva, Mutter aller Lebendigen (Gen 3,20).

Das Wort „Sünde" fällt übrigens in beiden Kapiteln nicht. Die biblischen Erzähler führen es erst in Kapitel 4 ein (Gen 4,7), das sich anhand der Geschichte von Kain und Abel mit der Gewalt zwischen Menschen auseinander setzt.

Verkehrung der Genesistexte in ihr Gegenteil – der 1. Timotheusbrief

Über Jahrhunderte sind die Genesistexte so gelesen und verstanden worden. Das zeigt sich schon daran, dass wir in den biblischen Büchern des Alten Testaments keine einzige Stelle finden, die die sog. „Sündenfallgeschichte" zu Lasten der Frau auslegt. Keine – bis auf den einen Vers aus dem Buch Jesus Sirach, der mehr das Gedankengut seiner Umwelt, das hellenistische Denken über Frauen widerspiegelt, als dass er die jüdische Leseweise der Schöpfungstexte fortsetzt.

Bis in das 1. Jh. n. Chr. hat sich die negative hellenistische Sicht auf Frauen bis hinein in staatliche Texte und Verlautbarungen fortgesetzt und verstärkt (Material bei Schottroff 1994). Das blieb auch nicht ohne Folgen für chawwah/Eva, die Mutter aller Lebendigen.

Der Autor des 1. Timotheusbriefs verdreht die Aussagen der Genesistexte über sie in ihr Gegenteil. „ ... Denn Adam wurde zuerst geschaffen, dann Eva." (1 Tim 2,12f.)

Adam wird an dieser Stelle nicht wie in den Genesistexten als „Erdenwesen"/Mensch und als Bezeichnung für Mann *und* Frau (Gen 1,27 und 5,2 bzw. Gen 2) verwendet. *Adam* wird vom Schreiber des 1. Timotheusbriefs vielmehr als Synonym für „Mann" benutzt. An dieser Stelle merken wir selbst vielleicht, wie sehr wir es schon gewohnt sind, die Genesistexte mit der Brille zu lesen, die der Autor von 1 Tim uns seit dem 1. Jh. n.Chr. aufgesetzt hat: *Adam* ist für uns „der Mann" und klar: er ist doch zuerst entstanden und dann erst die Frau aus seiner Rippe!!!

Doch so erzählt es Gen 2 gerade nicht: Gott macht den Menschen, das Erdenwesen adam und baut aus ihm – als *adam* in den Tieren kein gleichwertiges Gegenüber findet – ein „Gegenüber" und einen „Restmenschen" (so die neue Übersetzung von Gen 2,21ff. in gerechter Sprache bei Gütersloh, die voraussichtlich 2006 erscheinen wird). Der Mann entsteht *gleichzeitig* mit der Frau (V. 23)!

Der Autor des 1. Timotheusbriefs hat an diesem ganzheitlichen Menschenbild offensichtlich kein Interesse. Er versucht die Genesistexte so zu lesen, dass die Minderwertigkeit und Unterordnung der Frau dabei herausspringt. Und sein erstes Argument dafür lautet: Eva ist die Zweiterschaffene.

Dem folgt noch ein „Nachschlag": „Und Adam wurde nicht verführt, die Frau aber wurde verführt und geriet in die Übertretung. Sie wird erlöst werden durch Kindergebären."

Hier wird nun die Frau als Allein-schuldige und Verführerin gezeichnet, der Mann bzw. Adam(!?) gänzlich von jeglicher Schuld und Verantwortung frei gesprochen – wieder im Gegensatz zur Aussage in Gen 3! Das Kindergebären wird ebenfalls nicht als Folge der Übertretung und als Teil der schwierigen Existenz als Frau gesehen, sondern als Möglichkeit für Frauen, sich von „dem Fall" zu erlösen.

Polemik gegen gelehrte Frauen

In 1 Tim 2,9-15 liegt ein frauenfeindlicher Text vor, der die Genesistraditionen missbraucht, um die Unterordnung der Frau unter den Mann festzuschreiben und Frauen in die Haus- und Mutterrolle zurückzudrängen. Die Argumente dafür können wir, wie schon dargelegt, aus dem hellenistischen Frauenbild ableiten, das auch in römischer Zeit noch populär war: Frauen werden erotisiert und dämonisiert, mit Körper, Sexualität und Erotik, aber auch mit Sünde und Schuld in Zusammenhang gebracht.

Besonders scheint es dem Verfasser des ersten Timotheusbriefs ein Dorn im Auge gewesen zu sein, dass Frauen lehrten. Das verrät eine Passage in unserem Text: „Die Frau soll in Anpassung und umfassender Unterwerfung lernen. Zu lehren erlaube ich der Frau nicht und auch nicht, Macht über den Mann auszuüben, sondern in Anpassung soll sie existieren." (V. 11f.)

Solch eine Vorschrift oder ein solches Gebot kann man/frau „gegen den Strich" lesen: Dann wird sichtbar, dass es wohl lehrende Frauen gegeben haben muss, deren Aktivitäten der Verfasser unbedingt einzudämmen versucht. Unfreiwillig und entgegen seiner Absicht liefert der 1. Timotheusbrief damit Hinweise auf die Emanzipationsgeschichte von Frauen im frühen Christentum. Auch andere Stellen weisen darauf hin, dass es in den christlichen Gemeinden, die der Verfasser von 1 Tim vor Augen hat, lehrende und aktive Frauen gegeben zu haben scheint: So spricht der Verfasser von 1 Tim gegen „gottlose Altweiberfabeleien" (1 Tim 4,7), Witwen scheint er allerdings mit einem gewissen Selbstwiderspruch für die Lehre von Kindern und Enkeln einsetzen zu wollen (1 Tim 5,4; zu den Witwen vgl. den Artikel „Selbstbewusst und bedrohlich. Bibelarbeit zu den starken Witwen in der frühen Kirche" in FBA Bd 7 „Frauenstärke", S. 68-72).

Die lehrenden Frauen bekämpft der Autor mit einer besonders unfairen Waffe, die ihm seine hellenistisch geprägte Umgebung als Möglichkeit anbot: Die lehrenden Frauen werden sexuell diffamiert. Neben unserer Stelle 1 Tim 2,9-15, wo Frauen als schmuck- und putzsüchtig, als Verführerinnen und verantwortlich für Übertretung und Sünde gezeichnet werden, legt 2 Tim 3,6ff. die Polemik des Autors vollends offen. Er redet dort über seiner Meinung nach schlechte Menschen: „Zu ihnen gehören die Leute, die sich in die Häuser einschleichen und dort gewisse Frauen auf ihre Seite ziehen, die von Sünden beherrscht und von Begierden aller Art umgetrieben werden. Frauen, die immer lernen und die doch nie zur Erkenntnis der Wahrheit gelangen können."

Die lehrenden bzw. lernbegierigen christlichen Frauen werden verleumdet, „gewisse Frauen" zu sein: Sie seien von „Sünden" und „Begierden" getrieben.

Situation des Verfassers

Offensichtlich sah der Verfasser dieser Briefe die Verteidigung des Christentums und seinen Weiterbestand nur dann gewährleistet, wenn er die Aktivitäten von Frauen zurückdrängte, die in der nichtchristlichen Umwelt etwas Besonderes waren und Aufsehen erregten.

Darum versucht der Autor auch, sich mit der Gesellschaft zu arrangieren und die Gemeinden an die soziale Umgebung anzupassen.

Nach der Vorstellung des Autors des 1. Timotheusbriefs soll darum nur einer lehren, der Bischof, der oberste Vorsteher des Hauswesens Gottes (1 Tim 3,1-7.14f.; 6,2b-21 und die Polemik gegen andere Lehrer – auch männlichen Geschlechts! vgl. 1 Tim 1,3-7). Im ganzen Brief, z.B. auch im Pflichtenspiegel des Bischofs und der Diakone (Kap. 3), geht es dem Autor darum, bei der Umgebung in gutem Ruf zu stehen und die Position des Bischofs zu stärken. Die Umstrukturierung der christlichen Gemeinden mit dem Konzept Leitung und Lehre durch einen Einzigen (den

Bischof) bzw. in den Familie Belehrung der Frau durch ihren Mann passt besser in das gesellschaftliche Gefüge der damaligen Zeit. Es geht aber klar auf Kosten der Frauen.

Was haben wir dagegen zu setzen?

Heute stören lehrende Frauen die Gesellschaft als ganzes kaum noch. Innerhalb der Kirche und Universität haben sie als Pastoralreferentinnen, Religionslehrerinnen, als Doktorinnen und Professorinnen längst das Feld der Lehre erobert. (Freilich sind sie bei weitem noch in der Unterzahl in den renommiertesten Lehrberufen.) Trotzdem ist die Möglichkeit geblieben, auch in unserer Gesellschaft in den Köpfen sekundenschnell die Verbindung Frau – Sexualität – Sünde zu erzeugen und kluge Frauen so zu diffamieren. So ist es unlängst einer fähigen Politikerin in Baden-Württemberg aus den Reihen der CDU ergangen, als aus Angst vor ihren Fähigkeiten und ihrer Karriere als Politikerin das Gerücht in die Welt gesetzt wurde, sie sei lesbisch.

Dieser unheilvolle patriarchale Trick ist ein Erbe aus der hellenistisch-römischen Zeit, das uns auch dank des 1. Timotheusbriefs bis heute begleitet. Mit dem Wissen um diese zeitgeschichtliche Herkunft bleibt kritisch denkenden Männern und Frauen nur, ein solches Verhalten offen zu benennen und als unchristlich (Gal 3,28) und unbiblisch (Gen 1–3) zurück zu weisen.

Der Text 1 Tim 2,9-15 muss als „Wort Gottes" abgelehnt werden. Auch wenn er Eingang in den biblischen Kanon gefunden hat, so ist doch nichts vom göttlich Befreienden, Heilenden oder Gerechtigkeit Schaffenden wie in anderen biblischen Texten in ihm zu finden. Er dient ausschließlich der Durchsetzung des Interesses, lehrende Frauen in ihren Aktivitäten zu beschneiden und gehört zu der Schuldgeschichte, die Teile des frühen Christentum zu verantworten haben, indem sie Frauen und ihre Sexualität in den Schmutz ziehen ließen und nicht an der Menschenwürde und Gottebenbildlichkeit Evas festhielten.

LITERATUR
Bibel und Kirche 53 (1/1998) Eva
Schottroff, Luise, Lydias ungeduldige Schwestern. Feministische Sozialgeschichte des frühen Christentums, Gütersloh 1994, 104-119 (darin die Übersetzung von 1 Tim 2,9-15), © L. Schottroff, Kassel
Schottroff, Luise und *Wacker, Marie-Theres* (Hg), Kompendium Feministische Bibelauslegung, Gütersloh 1998, darin die Abschnitte zu Genesis 1-11 (H. Schüngel-Straumann) und 1. Timotheusbrief (U. Wagener)
Schüngel-Straumann, Helen und Hecht, Anneliese, „...und er schuf sie nach seinem Bilde". Bibelarbeit zur Gottebenbildlichkeit von Frau und Mann (Gen 1,26f.), in: Frauengottesbilder, FBA Bd. 6, S. 24-34

Bibelarbeit

■ 1. Auf den Bibeltext zugehen

▷ Ein Plakat mit einem Ausschnitt aus Text 1 Tim 2,9-15 liegt in der Mitte: „Ebenso [will ich], dass die Frauen sich in würdiger Kleidung mit Schamhaftigkeit und Sittsamkeit schmücken, nicht mit geflochtenem Haar und Gold oder Perlen oder kostbarem Gewand, sondern mit dem, was sich für Frauen geziemt, die sich zur Gottesverehrung bekennen: mit guten Werken. Die Frau soll in Anpassung und umfassender Unterwerfung lernen. Zu lehren erlaube ich der Frau nicht und auch nicht, Macht über den Mann auszuüben, sondern in Anpassung soll sie existieren."
Die Frauen lesen es laut vor und äußern sich spontan.
▷ „Welche Phantasien haben wir über den Verfasser dieses Textes?"
Die Frauen gehen in Kleingruppen und versuchen, auf einem Plakat spontan und im Karikaturstil darzustellen: Wie stellen wir uns den Verfasser vor und welches Frauenbild hat er im Kopf?
▷ Jede Kleingruppe stellt ihr Plakat im Plenum vor. Die Bilder werden im Raum an die Wand gehängt.

■ 2. Den Bibeltext begreifen

▷ Der gesamte Bibeltext 1 Tim 2,9-15 wird an alle TN ausgeteilt und laut in der Gesamtgruppe gelesen.
▷ Im Plenum werden kurz zwei Fragen besprochen:
• Welche Aussagen werden über Frauen gemacht?
• Welche über Männer?
▷ Im Plenum lesen die Frauen jetzt noch die Texte 1 Tim 4,7; 5,13-16 und 2 Tim 3,6-7 dazu.
Sie überlegen gemeinsam im Gespräch:
• Was erfahren wir in diesen Texten alles über die Aktivitäten dieser Frauen?
• Was waren das für Frauen, dass der Verfasser zu einem so scharfen, polemisch-verletzenden Ton greifen muss, um über sie zu sprechen?
• Welche Interessen hat der Autor? Welche Ängste?
• Wie geht es uns besonders mit der Aussage 1 Tim 2,13-15?
• Sind diese Texte für uns Wort Gottes? Warum? Was folgt daraus?

■ 3. Mit dem Bibeltext weitergehen

▷ Die Frauen gehen in die Kleingruppen vom Anfang. Sie bekommen von der Leiterin auf Streifen folgende Texte mit:
• Und Gott sagte: „Lasst uns Menschen machen als unser Bild ... Und es erschuf Gott den Menschen als sein Bild, als Bild Gottes erschuf er ihn, männlich und weiblich erschuf er sie." (Gen 1,26f.)

- „Es gibt nicht mehr Juden und Griechen, nicht Sklaven und Freie, nicht Mann und Frau; denn ihr alle sei „einer" in Christus." (Paulus, Gal 3,28)
- Der Engel aber sagte zu den Frauen: „Fürchtet euch nicht! Ich weiß, ihr sucht Jesus, den Gekreuzigten. Er ist nicht hier; denn er ist auferstanden, wie er gesagt hat. Kommt her und seht euch die Stelle an, wo er lag. Dann geht schnell zu seinen Jüngern und sagt ihnen: Er ist von den Toten auferstanden. Er geht euch voraus nach Galiläa, dort werdet ihr ihn sehen. Ich habe es euch gesagt." Sogleich verließen sie das Grab und eilten voll Furcht und großer Freude zu seinen Jüngern, um ihnen die Botschaft zu verkünden. (Mt 28,5-8)

▷ Die Frauen stellen sich vor, selbst zu den lehrenden und lernenden Frauen zu gehören, gegen die der Verfasser dieser Texte polemisiert. Sie versuchen in den Kleingruppen, eine Reaktion auf den Brief zu erarbeiten. Das kann z.B. ein Brief an den Verfasser sein oder auch im Spiel dargestellt werden:
- eine Zusammenkunft der Frauen, die beraten, wie sie reagieren wollen
- das Treffen aller aufgebrachten Frauen vor seiner Haustüre, die ....
- ein Gespräch mit seiner Ehefrau
- ...

▷ Die Leiterin legt, während die Frauen in den Kleingruppen sind, ebenfalls die Texte Gen 1,26f., Gal 3,28 und Mt 28,5-8 auf Plakaten als Gegengewicht zu dem 1 Tim-Text in die Mitte des Raumes.

▷ Die Ergebnisse werden im Plenum vorgespielt oder vorgelesen. Dazu können sich die Frauen vor dem Bild/der Karikatur ihres gedachten Verfassers aufstellen.

▷ Nach dem Spiel haben alle Frauen noch die Gelegenheit zu sagen, welche Erkenntnisse sie gewonnen haben und was sie jetzt noch beschäftigt.

Eleonore Reuter

Weibliches Wissen um Leben und Tod

Bibelarbeit zur Hellseherin von En-Dor (1 Sam 28,3-25)

Tote und ihre Gegenwart bei den Trauernden

Hellseherei – so ein Humbug! So reagieren viele auf die Überschrift zu 1 Sam 28. Die Verbindung zu Okkultismus und problematischen esoterischen Praktiken ist offensichtlich. Aber sieht man einmal von großen Ritualen ab und schaut auf die kleinen Zeichen, dann kennen auch viele gar nicht abergläubische Menschen eine enge Verbundenheit mit Personen, die ihnen besonders wichtig waren und die gestorben sind, über den Tod hinaus und nutzen diese Verbundenheit für ihre eigene Orientierung im Leben oder als Hilfe bei Entscheidungen, die die Zukunft betreffen.

Immer wieder berichten Menschen, die trauern, davon, dass es Orte und Zeiten gibt, die eine große Nähe zu dem Verstorbenen in sich haben. Da wird der Kleiderschrank der gestorbenen Tochter nicht leer geräumt, weil in den Sachen noch „etwas" von ihr zu spüren ist. Da zieht es die Frau immer wieder zu der Stelle, an der ihr Mann tödlich mit dem Auto verunglückt ist, weil er hier noch zuletzt gelebt hat. Da geht ein Mann ins Nebenzimmer in der festen Überzeugung, seine Frau habe ihn gerufen, obwohl sie schon seit Wochen tot ist. Diese Liste ließe sich beliebig fortsetzen. Ähnliche Situationen sind vielen Menschen schon erzählt worden oder sie haben sie selbst erlebt. Wenn dagegen nicht die eigene emotionale Verbindung zu einem Toten genutzt wird, sondern ein „Profi" zu Rate gezogen wird, spricht man von Nekromantie. Das ist eine Form der Wahrsagerei, bei der ein Medium – eine Person mit übersinnlichen Fähigkeiten – den Kontakt zu dem Toten herstellt. Wer sich dieses Phänomen verdeutlicht, der wird vielleicht die Erzählung von Saul bei einer Frau, die Kontakt zur „Lebenskraft" eines Verstorbenen hat, nicht mehr so fremd oder gar befremdlich finden.

Was sagt der Text?

V. 3 ist eine Verstehenshilfe für die gesamte Erzählung: Samuel, der als Prophet den Übergang Israels von der Zeit der Richter zur Königszeit durch die Salbung Sauls (1 Sam 9f.) begleitet und geleitet hatte, ist gestorben. Die wichtigste Instanz, die vom König in kritischen Entscheidungen angerufen werden konnte, steht also nicht mehr zur Verfügung.

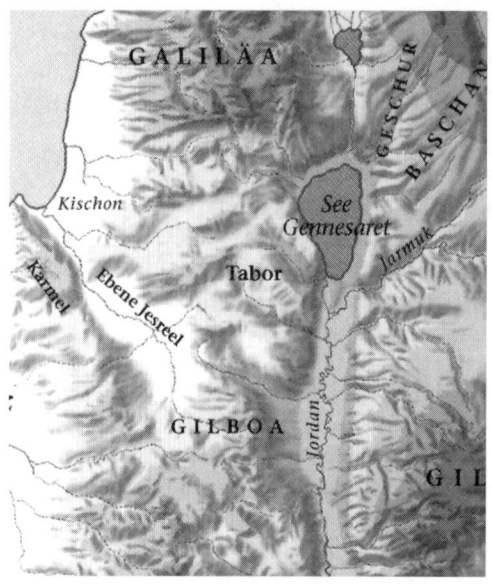

Saul, der König von Israel, kommt in eine bedrohliche Situation, als die Philister in der Jesreel-Ebene ein Kriegslager aufschlagen (V. 4f.). Die Israeliten, die im Gebirge Gilboa lagern, sind aus der Perspektive Sauls ihren Gegnern unterlegen.

Die Philister

„Mit Philister ... werden in der Bibel die Bewohner der südlichen Küstenebene bezeichnet... In der zweiten Hälfte des 11. Jh. waren die Philister bedrohliche Gegner der israelitischen Stämme, und das Königtum in Israel wurde in entschiedener Abwehr der philistäischen Vorherrschaft begründet, da nur eine starke Zentralgewalt den Machtanspruch der Philister brechen konnte. Während Saul an der militärischen Auseinandersetzung mit den Philistern gescheitert ist, hat David die Bedrohung endgültig beseitigt (vgl. 2 Sam 8,1)." (V. Fritz, Die Entstehung Israels im 12. und 11. Jh. v. Chr., Kohlhammer, Stuttgart 1996, S. 156)

Saul versucht Gott über die Zukunft so zu befragen, wie es in seiner Zeit normal war: durch Traumdeutung, Orakel und Propheten, also auf religiös erlaubte Weise, doch ohne Erfolg (V. 6). Obwohl Saul selbst die Befragung von Totenbeschwörerinnen verboten hatte, erscheint ihm dieser Schritt als letzter Ausweg. (V. 7f.).

Sauls Berater nennen eine Frau aus En-Dor (im Hebräischen klingt in diesem Ortsnamen die Bedeutung „Quelle der Generationen" mit an!), die offenbar bekannt für ihre Fähigkeiten ist, und der König nimmt diesen Vorschlag an. Saul muss sich verkleiden, weil er selbst verboten hat, Tote zu befragen: Würde er erkannt, müsste er damit rechnen, nicht die gewünschte „Dienstleistung" zu erhalten. Dagegen ist die Nacht grundsätzlich die bevorzugte Zeit für solche Befragungen.

In V. 8 wechselt die Szene zum Haus der Hellseherin. Es schließt sich ein Dialog zwischen Saul und der Frau an, bei der die Initiative Sauls und sein Beharren auf dieser Aktion besonders betont werden. Der Schwur Sauls auf den Namen JHWHs zeigt, dass die Frau sich durchaus in Übereinstimmung mit dieser Religion versteht. Erst als dann Samuel erscheint, erkennt die Frau erschrocken die Identität ihres Kunden (V. 12). Saul dagegen identifiziert mit Hilfe des Mantels den Propheten und zeigt ihm mit seiner Unterwerfungsgeste fast anbetende Verehrung.

Ab V. 15 kommt es mit dem Dialog zwischen Samuel und Saul zum Höhepunkt des Textes. Samuel beschwert sich über die Störung seiner Totenruhe. Da beschreibt Saul seine Situation und seine Hoffnung auf Samuels Hilfe und Rat. Doch Samuel erklärt ihm, dass Saul schon das Urteil kenne und es keine neue Auskunft geben könne. Er kann nur seine frühere Ankündigung wiederholen. Sauls Ausweglosigkeit ist Folge der Verwerfung durch Gott, die Saul selbst durch sein Fehlverhalten verursacht hat (vgl. 1 Sam 13,1-14 und 15,1-35). Samuel kündigt Saul die Niederlage in der Schlacht und seinen Tod sowie den seiner Söhne an.

Saul verkraftet diese Nachricht nicht und bricht zusammen. Da zeigt sich die achtsame Seite der Frau: In zwei Anläufen gelingt es ihr, Saul zum Essen zu überreden. Sie bereitet ein Festmahl zu (das Mastkalb ist ganz besonderen Situationen vorbehalten, und das Wort, das im Hebräischen für „schlachten" gebraucht wird, kann ebenso ein Schlachtopfer bezeichnen), das Saul und seine Begleiter für den Heimweg, der zugleich ein Weg in den Tod ist, stärkt.

Das Thema des Textes

Das Medium - die Hellseherin - ist eine wichtige, aber nicht die wichtigste Figur dieses Textes. Das Thema des Textes ist die Verwerfung Sauls, die bereits längst beschlossene Sache ist (vgl. 1 Sam 13,1-14 und 15,1-35), aber hier noch ein drittes und letztes Mal im religiösen Fehlverhalten Sauls begründet wird. Der Maßstab ist die Gesetzgebung des Deuteronomiums, die keinerlei Totenbefragung erlaubt. In den Rechtstexten wird die Befragung der Toten explizit und mehrfach verboten (Dtn 18,11ff.; Lev 19,31; 20,6-8.27). Das weist darauf hin, dass es solche Praktiken gab, sonst hätte man sie nicht verbieten müssen. Die Befragung eines Toten erscheint als eine verbotene, mit dem Tod zu bestrafende Aktion. Der Tod ist die Grenze, die dem Menschen gesetzt ist. Sie muss eingehalten werden, und wo sie nicht respektiert wird, droht Gefahr. Trotzdem wird die Möglichkeit und Zuverlässigkeit einer Totenbeschwörung in keiner Weise in Zweifel gezogen. Auch Saul scheint die Befolgung seines Verbots nicht sehr am Herzen gelegen zu haben, zuletzt hält nicht einmal er selbst sich an sein Gesetz. Nach den Vorstellungen des

Deuteronomiums dürfen nur Propheten Auskunft über die Zukunft geben. Diese Vorstellungen werden hier in einer Erzählung ausgelegt: Saul, der dem wahren Propheten nicht gehorcht hat, kann auch durch die verbotene Praxis nichts Neues erfahren. Die Totenbefragung funktioniert zwar, aber wiederholt nur das Gewusste.

Die Rolle der Hellseherin

Die Frau in 1 Sam 28 tritt in den Rollen der Hausherrin und Gastgeberin auf. Sie ist weit bekannt und hat ein hohes Ansehen als „Herrin des Totengeistes" (V. 7). Kurz: sie wird als eine autonome, starke und souveräne Gestalt dargestellt. Daneben wird sie auch als fürsorglich und barmherzig beschrieben. Damit gehört diese Frau in die Gruppe weiser Ratgeberinnen, deren religiöse Kompetenzen im Laufe der Königszeit immer stärker zugunsten einer offiziellen, nationalen Frömmigkeit zurückgedrängt wurden. Doch im Unterschied zur negativen Bewertung Sauls erfährt die Frau in 1 Sam 28 keinerlei Abwertung. Im Gegenteil: sie wird geradezu liebevoll und positiv beschrieben. Das überrascht, wenn man die Deutlichkeit, mit der die Rechtstexte ihr Tun verurteilen, berücksichtigt. Möglicherweise zeigt sich hier, dass es eine alte Erzählung von Sauls verzweifeltem Versuch, eine Weissagung zu erhalten, gegeben hat, die das Verbot des Deuteronomiums noch nicht kannte.

Totenbeschwörung in Israel

Die Toten befinden sich nach alttestamentlicher Vorstellung im Schattenreich, der Scheol. Ihre Existenz dort hat mit „Leben" nichts zu tun, weil ihnen jede Lebensenergie, jede Vitalität fehlt. Sie ist eine „Schattenexistenz". Da Gott als ein Gott des Lebens und der Lebenden geglaubt wird, sind Tod und Totenreich nicht dem Wirkungsbereich JHWHs zugehörig. Aber es gibt die Vorstellung, dass die Toten über Wissen verfügen, das den Lebenden nicht zugänglich ist und Interesse an den Lebenden haben, und dass die Welt der Toten nicht absolut von der der Lebenden getrennt ist. Durch die Beschwörung können positive Kräfte der Toten für die Lebenden nutzbar gemacht werden. Totengeister können im AT (wörtlich übersetzt) als „Heilende" (Spr 2,18; Jes 26,14) oder „Wissende" (z.B. Lev 20,27) bezeichnet werden. Ähnliche Vorstellungen sind auch bei benachbarten Völkern bekannt: So werden z.B. in Babylon Totengeister bei Beschwörungen angerufen. In Ugarit heißen verstorbene und damit vergöttlichte Könige „Heilende". In Beschwörungen werden sie als „Heiler" angerufen.

Die Vorstellung von einem Leben nach dem Tod hat sich in Israel erst im 2. Jahrhundert v. Chr. entwickelt, als man sich fragte, wie man an einen Gott des Lebens glauben kann, wenn durch Religionsverfolgungen ausgerechnet besonders fromme Menschen sehr früh sterben müssen. Erst da erschien es gar nicht anders vorstellbar, als dass JHWH auch über das Totenreich herrscht.

Von der „Steinzeit" bis zur Eisenzeit hat man Hinweise auf Totenkult in Israel gefunden, z.B. maskenartige Gesichtsdarstellungen. Außerdem haben Archäologen Speisen gefunden, die an den Gräbern niedergelegt wurden und vermutlich als Wegzehrung für die Verstorbenen dienen sollten. Aussagen über die Zukunft durch Befragung von Toten erhielt man unter Mitwirken von „Fachpersonal" wie der Frau aus En-Dor oder durch Benutzen von Terafim (Ez 21,25; Sach 10,2; 2 Kön 23,34), Ahnenfiguren, die für Orakel benutzt wurden. Frauen werden im Zusammenhang mit solchen Aufgaben häufiger als Männer genannt. Woran das genau liegt, lässt sich schwer sagen. Frauen scheinen aber häufiger an den Grenzsituationen von Geburt und Tod besondere Funktionen gehabt zu haben. So wie sie als Hebammen bei der Geburt mit Leben und Tod in Verbindung standen, waren sie mit der Totenklage für die Verabschiedung der Verstorbenen zuständig. Sie werden damit zu Schwellenwächterinnen des Lebens. Das Verbot solcher magischer Praktiken bedeutete auch die Beschneidung der religiösen Kompetenz von Frauen.

„Weibliches Wissen um Leben und Tod" – ein aktuelles Thema

Nicht nur in Israel und im Alten Orient gab es Hellseherei oder Beschwörung von Totengeistern. Je mehr die Welt erklärt und verstanden werden kann, desto mehr scheinen Menschen auch das Geheimnisvolle, Esoterische und Okkulte zu suchen. Wer die Zeitungen aufmerksam liest, wird viele Hinweise auf die Attraktivität von „Kontakten zum Jenseits" finden. Entsprechende Recherchen im Internet ergeben unüberschaubare Angebote. Für den Bibeltext gilt: Nicht die Hellseherin wird kritisiert, sondern derjenige, der nicht mit den Auskünften, die er auf anderem Weg erhalten kann, zufrieden ist. Damit kann der Text eine Einladung sein zu fragen, was Menschen denn bewegt, wenn sie bei Toten etwas über das Leben erfahren wollen.

LITERATUR
Fischer, Irmtraud, Gotteskünderinnen. Zu einer geschlechterfairen Deutung des Phänomens der Prophetie und der Prophetinnen in der Hebräischen Bibel, Stuttgart 2002, S. 131-157.
Schroer, Silvia, Häusliche und außerhäusliche religiöse Kompetenzen israelitischer Frauen. Am Beispiel von Totenklage und Totenbefragung. In: Klinger, Elmar u.a. (Hg.), Haushalt, Hauskult, Hauskirche. Zur Arbeitsteilung der Geschlechter in Wirtschaft und Religion, Würzburg 2004, 9-34.

Bibelarbeit

1. Auf den Text zugehen

▷ In der Mitte liegen Karten mit Begriffen, die zur Totenbefragung gehören (z.B.

Medium, Hexe, Magie, Totenbeschwörung, Hellseherin, Stimmen aus dem Jenseits…). Wenn vorhanden, können auch Zeitungsberichte über Totenbeschwörung genommen werden. Die Teilnehmenden äußern ihre Gedanken zu diesen Begriffen: Erfahrungen, Attraktivität oder Widerspruch. Folgende Aspekte können eine Rolle spielen: Welche Hilfen / Auskunftsmöglichkeiten für die Zukunft kennen die Menschen? Welche Gefühle verbinden sich mit okkulten Praktiken? Welche Rolle spielen Verstorbene, mit denen man sich eng verbunden weiß? Gibt es eine Verbindung, eine Möglichkeit, in Kontakt mit ihnen zu kommen? Wo sehen wir Gefahren?

2. Auf den Bibeltext hören

▷ Die Leitung erklärt den politischen Kontext der Stelle im Zusammenhang mit der Abstiegserzählung Sauls, indem sie 1 Sam 13,1-14 und 15,1-35 zusammenfasst. Die Entscheidungssituation wird mit Hilfe einer Karte erläutert.

▷ Für den Text bereitet die Leitung 4 Textblätter vor, bei denen die Redeeinleitungen („…da sagte die Frau…" etc.) fehlen und jede der Rollen (Frau, Saul, Samuel) mit einer eigenen Farbe markiert ist. Der Text wird mit verteilten Rollen vorgelesen, wobei die VV. 3-8a.20f.23-25 von einer „Erzählerin" gelesen werden.

▷ In einer offenen Gesprächsrunde werden Fragen, die sich aus dem Hören ergeben, gestellt und Dinge, die besonders auffällig waren, genannt. Dabei berichten zuerst die Leserinnen aus ihrer Rolle, wie sie sich selbst und die anderen Personen, die im Text vorkommen, erlebt haben. Dann schlagen alle den Text in ihrer Bibel nach (bzw. erhalten eine Kopie mit 1 Sam 28,3-25), lesen ihn und besprechen in Kleingruppen (3-5 TN) folgende Arbeitsfragen:

• Was ist das Thema dieses Textes?
• Welche Rolle spielt die weise Frau von En-Dor?
• Wie handelt die Frau in diesem Text?
• Wie wird ihr Handeln bewertet?

3. Mit dem Text weitergehen

▷ 1 Sam 28 ist in älteren Bibelübersetzungen mit „Saul bei der Hexe von En-Dor" überschrieben. Frauen, die sich magischer Praktiken bedienten – und nicht nur sie – wurden im „christlichen" Mittelalter oft als Hexen bezeichnet, verfolgt und getötet. Das Wissen der Frauen um Leben und Tod, ihre besondere Verbundenheit mit den Grenzen wirkte bedrohlich. Die Diskrepanz zwischen dem Handeln der Frau und dem, was den „Hexen" unterstellt wurde, wird in einer Gesprächsrunde thematisiert. Die Frauen werden eingeladen, in einem Brief an die Frau dieser einen Namen zu geben und das, was sie an ihrem Handeln irritiert und das, was sie ermutigt zu benennen.

Ilse Müllner

Isebel, Atalja, die Macht und das Böse

Bibelarbeit zu königlichen Frauen in 1 Kön 18–21; 2 Kön 9 und 11

Frauen leben wie Männer in zerstörerischen Strukturen und beteiligen sich aktiv an deren Aufrechterhaltung. Die Schuld von Frauen zu thematisieren ist eine Gratwanderung. Einerseits wollen wir nicht in die alten Fallen tappen und Schuldzuschreibungen verstärken. Andererseits gilt: auch die Schuld von Frauen muss benannt werden, weil das Schuldig-Sein ein Teil des Mensch-Seins ist und Schuldfähigkeit als Schwester der Verantwortung zu den Bedingungen der Möglichkeit von ethischem Handeln gehört. Wie kann diese Gratwanderung gelingen?

Die Darstellung der Königebücher und die Wirkungsgeschichte

Die Auseinandersetzung mit biblischen Texten hilft uns, genau hinzuschauen. Die Erzählungen der Königebücher, in denen Isebel und Atalja dargestellt werden, sperren sich dagegen, als allzu bekannt abgehakt zu werden. Kaum einer Bibelleserin sind diese beiden Gestalten vertraut. Isebel wird in den Königebüchern als machtvolle Frau eines israelitischen Königs, als JHWH-untreue Gegenspielerin des Propheten Elija und als Opfer eines politischen Putsches gezeichnet (zu den einzelnen Stellen s.u.). Atalja ist zunächst Königsmutter und dann Königin. Als Mörderin und Ermordete ist sie Täterin und Opfer. Beide Frauen passen nicht in einfache Gut-Böse-Gegenüberstellungen. Sie stellen sich quer und lassen sich nicht in ein eindeutiges Erklärungsschema pressen.

Auch nicht in jene Muster, die unserer Kultur vertraut sind. Da ist zunächst die Verknüpfung von Frau, Schuld und Sexualität. Sie ist schon für Eva in unseren Köpfen zentral, aber auch in Bezug auf die biblische Isebel wird eine Verknüpfung von Schuld und Sexualität hergestellt.

Die laszive Bette Davis auf einem Jezebel-Filmplakat von 1938, eine offen sexualisierte Jezebel auf dem Titelbild eines gleichnamigen Romans von 1977 und die von der Sängerin Sade porträtierte Jezebel, die dank ihrer Schönheit der Armut entfliehen kann – sie führen uns eine schöne, oft machtlüsterne, sexuelle Verführerin vor Augen.

Die Darstellung Isebels in den biblischen Königebüchern ist nicht arm an Verbrechen, an „crime". Aber den „sex" dazu, den kann ich in der Erzählung nicht erkennen. Wohl in der Wirkungsgeschichte schon im Neuen Testament (Offb 2,20-23) und in der Folge bis in den angloamerikanischen Sprachgebrauch hinein, wo die Bezeichnung „Jezebel" auf Frauen mit „lockerem Lebenswandel" – also mit selbstbestimmter Sexualität - jenseits der gängigen Normen angewendet werden kann. Schon Jehu, der Mörder Isebels, verwendet sexualisierte Begrifflichkeit, wo er über diese Frau spricht (2 Kön 9,22). Mit „Unzucht" oder „Hurereien" ist aber nicht unangemessenes sexuelles Verhalten Isebels gemeint, sondern ihre – in der Perspektive der ErzählerInnen – religiöse Abweichung als Verehrerin des Baal und der Aschera (die Luther-Übersetzung vereindeutigt entsprechend mit „Abgöttereien"). Was aber ist die Schuld Isebels nach den Königebüchern? Worin bestehen die Handlungen der königlichen Frauen Isebel und Atalja, die von der Bibel als so gänzlich negativ charakterisiert werden?

Von den beiden Frauengestalten ist Isebel die buntere, die an Facetten reichere. Sie wird aus mehreren Perspektiven in mehreren Situationen ihres königlichen Lebens beleuchtet – bis zu ihrem grässlichen Tod. Ataljas Profil bleibt verglichen damit recht flach – es ist nur eine Erzählung, die diese Herrscherin und ihre immerhin sieben Jahre währende Regentschaft charakterisiert.

Beide Frauen haben – in unterschiedlich institutionalisierter Weise – Anteil an der königlichen Macht in Israel beziehungsweise in Juda. Beide Frauen handeln selbst als politische Subjekte. Beide werden als Mörderinnen gezeichnet, beide werden selbst Opfer politischer Morde. Und beide gehören zu den Regierenden, über die das deuteronomistische Geschichtswerk ein vernichtendes Urteil fällt.

„Das ist Isebel"

Niemand soll diesen Satz sagen können – so wünscht es sich Isebels Mörder Jehu (2 Kön 9,37), und so enden die Erzählungen, in denen diese königliche Frau eine Rolle spielt. Der letzte Satz über Isebel – er ist genauso paradox wie Rumpelstilzchens Wunsch, niemand möge seinen Namen kennen. Der Satz soll nicht ausgesprochen werden, und doch tut das jede und jeder, der bzw. die die Geschichte liest. Jedes Vorlesen aktualisiert paradoxerweise den Wunsch, der nicht erfüllt ist. Isebel hat keinen Grabstein, ihre Leiche ist zerrissen und den Hunden zum Fraß vorgeworfen. Auch in den biblischen Erzählungen ist Isebel nur bruchstückhaft vorhanden, zerteilt. Und doch ist sie nicht getilgt aus den Erinnerungen.

Eine Fremde als Frau des Königs

In den Königebüchern prägt das deuteronomistische Schema die Darstellung der Könige und ihrer Herrschaftszeiten (zu den Deuteronomisten s. Bd. 7, S. 4). Die Darstellung der königlichen Frauen ist demgegenüber nur in Bruchstücken vorhanden. So wird das Bild dieser Frauen nicht zum einheitlichen Gesamtporträt, sie werden eher in Form einer Collage präsentiert (Uta Schmidt). Die Darstellung Isebels setzt sich aus kleinen Stücken, aus Bildteilen unterschiedlicher Materialien zusammen. Der Leser und die Leserin bewegen sich durch die Königebücher und setzen in ihrem Leseprozess nach und nach ein Bild zusammen, das von der Herkunft dieser Frau über ihr machtvolles Auftreten als königliche Frau bis zu ihrem grausamen Tod reicht.

1 Kön 16,29-34: Isebel wird – ausgespannt zwischen zwei Männern – eingeführt als Frau von und als Tochter von. Lassen Sie uns zunächst einen Blick auf ihre Herkunft werfen. Isebel ist aus königlichem Haus. Sie ist Tochter des Etbaal, des Königs der Sidonier (im heutigen Südlibanon). Ihr Name, ebenso wie der Name ihres Vaters, weist nicht nur auf ihre fehlende Zugehörigkeit zum Volk Israel hin, sondern auch darauf, dass sie mit einem anderen Gott als JHWH, dem Gott Israels, in Verbindung steht. „Isebel" kommt aus dem Ugaritischen und bedeutet „Wo ist der Prinz?" – eine Frage, die im jährlichen Kultdrama um Tod und Wiedergeburt Baals (des Prinzen) auftaucht. Mit ihrem Namen repräsentiert sie – ebenso wie ihr Vater – die Verehrung des Baal.

Die fremde Frau

Das Thema der fremden Frau, die Schuld am Abfall Israels zu fremdem Glauben trägt, zieht sich durch die biblischen Texte. Von Isaak, der keine der Töchter des Landes heiraten soll (Gen 24,3), über Salomos ausländische Frauen, die ihn zur Verehrung anderer Gottheiten verleiten (1 Kön 11) bis zum Wiederaufleben dieser Geschichte in Nehemias nachexilischer Argumentation gegen die Mischehen (Neh 13,26): viele biblischen Texte schüren die Angst vor der ausländischen Frau, die ihren Mann vom Jahwe-Glauben entfernt (ganz anders das Buch Rut, das geradezu als nachexilische Werbeschrift für Mischehen gelesen werden kann).

Ahabs Ehe mit Isebel jedenfalls steht erzählerisch von Anfang an unter dem negativen Stern der fremden Frau. Die Hochzeit übertrifft Ahabs andere Sünden. Und als nächste Handlung nach dieser Heirat wird erzählt, dass Ahab den Baalskult praktiziert. Wer da keinen ursächlichen Zusammenhang hinein liest, muss schon sehr tapfer auf der Seite Isebels stehen.

Isebel und Elija – Baal, Aschera und JHWH

1 Kön 18-19: Das Thema, das in der Einführung Isebels angerissen wird, geht weiter. Isebel und Ahab treten als Gegenfiguren zum JHWH-Propheten Elija auf. Isebel ist eine Kontrastfolie zu Elija; ihrer beider Profile werden erzählerisch aneinander geschärft.

Sein Name bedeutet „Mein Gott ist JHWH (Jahwe)", und dieser Name ist das Programm seines Tuns.

Die Entwicklung zum Eingott-Glauben

Während die Mehrheit in Israel zur Zeit Elijas im 9. Jahrhundert vor unserer Zeitrechnung weder die JHWH-Verehrung als selbstverständliche Praxis gelebt noch erst recht den Glauben an JHWH monotheistisch ausschließlich verstanden hat, kämpft Elija als einer der ersten für die Einheit des biblischen Gottes. Die Religionsgeschichte Israels entspricht an dieser Stelle nicht dem biblischen Bild, das den Monotheismus von Anfang an voraussetzt. Die Verehrung von Baal und anderen Gottheiten war das Selbstverständliche auch in Israel. Das klare Bekenntnis zum Monotheismus, das die Wirklichkeit anderer Gottheiten ausschließt, sollte sich erst nach dem babylonischen Exil im 6. Jahrhundert entwickeln. Vorläufer dieses monotheistischen Bekenntnisses waren allerdings Bewegungen, die den Alleinverehrungsanspruch JHWHs im polytheistischen Umfeld durchsetzen wollen.

Als Anführer einer solchen Bewegung wird der Prophet Elija eingeführt und steht damit in krassem Gegensatz zu Isebel und Ahab. Dieser Gegensatz ist kein philosophischer; das Problem ist nicht, dass Isebel an die Existenz anderer Gottheiten als JHWH glaubt. Der Gegensatz ist praktischer Natur; es geht um die kultische Verehrung, die – so wollten es Elija und diejenigen, die ihn unterstützten – nur JHWH zukommen soll. Damit brachte er Neues in die Religion Israels: Er forderte die Abkehr vom bislang Selbstverständlichen und die Orientierung an JHWH allein.

Das ist der historische Blick, der sich vom biblischen insofern unterscheidet, als die Bibel und in ihr das deuteronomistische Geschichtswerk Elija als einen Propheten darstellt, der Althergebrachtes, nämlich die Alleinverehrung JHWHs wieder in Erinnerung rufen soll.

Weil die Verehrung JHWHs oder anderer Gottheiten keine theoretische Frage ist, spielt sich die Auseinandersetzung auch im Bereich der Praxis ab. Das ist kein Dichterstreit, mit dem wir es als LeserInnen zu tun bekommen. Es geht um tiefe Not, um Menschen, die verhungern, um ProphetInnen, die den lang ersehnten Regen herbei zaubern. Und schließlich geht es um Isebel und Elija, die beide meinen, ihren Glauben mit dem Schwert durchsetzen zu können. Der Prophet wird zum Mörder ebenso wie die Königsfrau. Ist die eine Gewalttat verwerflicher als die andere, weil sie nicht im Namen JHWHs, sondern im Namen der Gottheiten Baal und Aschera verübt wurde?

Das mörderische Ausrotten der JHWH-ProphetInnen ist die erste aktive Handlung, die wir in der biblischen Chronologie von Isebel erfahren. Nach dieser Einführung mit ihren unausgesprochenen Schuldzuweisungen eine solche Bluttat! Kein Wunder, dass die Exegetin Phyllis Trible davon spricht, dass keine biblische Frau (und auch kein Mann) eine solch schlechte Presse haben wie Isebel. Bei den JHWH-ProphetInnen geht es ebenso wie auf der anderen Seite bei den Baals-ProphetInnen um Hunderte Personen. Wenn es dem Palastvorsteher Obadja gelingt, hundert ProphetInnen vor Isebel zu verstecken (1 Kön 18,4), dann kann die Zahl der von ihr Ermordeten nur in ebensolchen Dimensionen vorgestellt werden. Auf der anderen Seite sind es vierhundertfünfzig Baals-ProphetInnen und vierhundert ProphetInnen der Aschera, die an Isebels Tisch essen (1 Kön 18,19) und die mit Elija in einen Wettstreit treten. Es geht um nichts geringeres als um die Frage, wer Gott sei: JHWH oder Baal. Als Zeichen für die Wirkmächtigkeit der wahren Gottheit schlägt der Prophet vor, dass Feuer vom Himmel kommen solle. Elija begibt sich damit auf ein Terrain, das eigentlich den Sieg der Gegner erwarten ließe. Nicht nur tritt er als Einzelner mehreren hundert ProphetInnen gegenüber. Regen und Blitz gehören außerdem traditionell zum Kompetenzbereich Baals; und schließlich sind magische Praktiken nicht das zentrale Ausdrucksmedium des JHWH-Glaubens. Es ist Elija und mit ihm sein Gott JHWH, der diese Probe gewinnt. Dabei lässt er es aber nicht bewenden, sondern er lässt alle Baals-ProphetInnen (die zur Aschera gehörigen dürfen sich hier als mitgemeint verstehen) ermorden. Ahab ist Augenzeuge der Auseinandersetzung, Isebel ist auf die Schilderungen aus dem Mund ihres Mannes angewiesen.

In der Reaktion auf diese Tat nun treten Ahab und Isebel auseinander. Während der eine das mörderische Handeln des Elija kommentarlos hinnimmt und vor allem mit dem Ende der Hungersnot durch den verheißenen Regen beschäftigt scheint, bedroht Isebel Elija sofort damit, ihm nun das Gleiche anzutun. Elija weiß um den Ernst dieser Drohung und flieht „seinem Leben nach" (1 Kön 19,3). Nach intensivem Ringen mit seinem Gott wird er schließlich mit der Salbung dreier Gestalten beauftragt, die im Namen JHWHs handeln sollen (1 Kön 19,15f.). Einer davon, Jehu, wird der Mörder Isebels sein.

Eine tödliche Intrige

Isebel spielt eine Hauptrolle in der Erzählung um Nabots Weinberg (1 Kön 21). Sie handelt für ihren Mann und in seinem Namen – aber ohne sein Wissen. Ahab ist es, der durch seine heftige Reaktion auf die Ablehnung des Weinbergbesitzers Nabot, ihm diesen Weinberg zur Vergrößerung seines Gartens zu verkaufen, den Gang der Ereignisse auslöst. Eine Art depressiver Verstimmung, von der offenbar die Könige Israels nicht frei waren (vgl. 1 Sam 16,14-23), die sich bei Ahab darin äußert, im Bett zu liegen und das Essen zu verweigern, bringt Isebel dazu, tätig zu werden. Sie will ihrem Mann zum Besitz dieses Weinbergs verhelfen. Das Mittel dazu ist eine falsche Zeugenaussage, die Isebel in Auftrag gibt und die zur Steinigung Nabots führt. Wessen der Weinbergbesitzer beschuldigt wird, erfahren wir nicht, wohl aber, dass Isebel Ahabs Siegel benutzt, um Briefe im Namen des Königs einzusetzen. (Eine Ironie der Geschichte will es, dass archäologische Funde ein Siegel mit dem Namen Isebels zu Tage gefördert haben – keines allerdings mit dem Namen Ahabs.)

Worin besteht hier die Schuld Isebels? Keine Frage ist es, dass im Kontext der biblischen Theologie mit ihrer Parteinahme für die kleinen Leute (und der Landbesitzer ist im Verhältnis zum König zweifelsohne der Unterlegene) und mit ihrem Schutz des Erbbesitzes (Nabot beruft sich darauf in Vers 3) das Handeln Isebels verwerflich ist. Es erinnert an Davids Handeln gegenüber Urija und Batseba. Das Natansgleichnis vom reichen Mann, der dem Armen das einzige Schaf wegnimmt, um es seinen Gästen vorzusetzen (2 Sam 11), ließe sich auch hier gut erzählen. Nicht nur, dass sie ihrem Mann um jeden Preis das begehrte Landstück verschaffen will, sie lässt auch noch Nabot ermorden – mit ähnlicher Tücke wie David den Urija.

Merkwürdig ist es, dass der Prophet Elija in der Folge nicht Isebel, sondern König Ahab mit seinem Tun konfrontiert. Ihm wirft er vor, getan zu haben, was in JHWHs Augen böse ist (1 Kön 21,20, vgl. 2 Sam 11,27). Auf dem Hintergrund dieses Vergehens wird Ahab selbst, aber auch Isebel und den Nachkommen Ahabs ein schrecklicher Tod angesagt. Während das Urteil des Elija sich ganz auf Ahab konzentriert, bindet der Erzähler Isebel stärker mit ein. Allerdings bleibt sie in der Rückschau im Schatten ihres Mannes als diejenige, die Ahab zu seinem Tun verleitet hat (V. 25). Ihr aktiver Part, wie ihn die Erzählung davor formuliert, kommt in der rückblickenden Beurteilung nicht mehr vor. Und auch im Kontext des Bußrituals, das Ahab vollzieht (VV. 27-29), spielt Isebel keine Rolle mehr.

Aus dem Fehlen der Isebel im Urteil des Elija schließen manche AuslegerInnen auf eine Wachstumsgeschichte der Erzählung zurück. Diese habe ursprünglich Ahab als Verantwortlichen für den Tod Nabots dargestellt; erst spätere Überarbeiter hätten Isebel die Schuld nachträglich in die Schuhe geschoben. (Zu einer kritischen Überprüfung solcher Entschuldigungsstrategien s.u.)

Nach der biblischen Darstellung im kanonischen Text liegt das Schuldig-Werden der Isebel auf zwei Ebenen:

• Auf der ersten Ebene macht sie sich schuldig, indem sie selbst handelt: Sie lässt ProphetInnen ermorden, sie stellt sich auf die Seite Baals und Ascheras gegen die JHWH-Verehrung, sie lässt Nabot durch eine Intrige töten.
• Auf der zweiten Ebene ist sie die eigentlich schuldige Frau hinter dem abtrünnigen Mann. Sie ist es, die Ahab zur Verehrung anderer Gottheiten als JHWH bewegt – in dieser Rolle lernen wir sie bereits in 1 Kön 16 kennen. Und die Erzählung in 1 Kön 21 kann sich zwischen den beiden Ebenen nicht entscheiden. Während Isebel im ersten Teil handelnd an Nabot schuldig wird, deutet V. 25 ihre Verantwortung als Schuld im Hintergrund: Isebel als Verführerin ihres Mannes (worunter der biblische Text aber in keinem Fall die sexuelle Verführung versteht).

Der Tod Isebels

Isebel – so wie sie uns erzählt wird – zahlt einen hohen Preis für ihre Schuld und ihre Macht. Ihr Tod ist grässlich – und dass sowohl der Mörder, General Jehu, als auch die Erzählung solch drastische Mittel nötig haben, um diese Gestalt zu zähmen, wirft ein Licht auf die Bedrohung, die von einer derart machtvollen Frau ausgeht.

Es ist eine kurze, aber eindrückliche Schilderung in 2 Kön 9,30-37, in der Jehu Isebel aus dem Fenster stürzen lässt, Pferde sie zertrampeln und Hunde ihren Körper fressen – bis nur noch die Handflächen, die Füße und der Schädel übrig bleiben (kein Personalpronomen „ihre" weist diese Körperteile als zu Isebel gehörig aus). Ihr Tod ist mehr als der leibliche Tod. Mit den Identifikationsmöglichkeiten wird auch die Erinnerung ausgelöscht – und bleibt doch im biblischen Text und außerbiblischen Siegelfund erhalten.

Noch ihrem Mörder tritt Isebel machtvoll entgegen. Sie bereitet sich auf sein Kommen vor und präsentiert sich ihm als „Frau im Fenster" – ein auf vielen altorientalischen Bildern belegtes Motiv der mächtigen Frau. Auch ihre Schminke, die fälschlicherweise sexualisiert gedeutet wurde (als ob sie sich für ihren Mörder attraktiv machen wollte), ist ein Hinweis auf ihren Status. Sie begegnet Jehu von oben herab – und wird von seinen Gehilfen in den Tod gestürzt.

Julitta Franke, „Und schaute zum Fenster hinaus", 1997, oberer Teil der zweigeteilten Instalation in der Lutherkirche, Bonn. Größe: je 90 x 120 x 10 cm
„Frau im Fenster" nennen Archäologen Darstellungen aus biblischer Zeit, bei denen eine Frau über die Balustrade Ausschau hält

Ihre Begrüßung ist alles andere als unterwürfig. Mit dem falschen Namen spricht sie ihn an – „Simri"- und erinnert damit an den in 1 Kön 16,9-19 erzählten Königsmord. Gegen Simri, den Mörder, war Omri an die Macht gekommen, dessen Dynastie erst durch Jehu beendet wurde. Damit macht Isebel die Verbindung vom Anfang zum Ende der omridischen Dynastie deutlich und entlarvt außerdem Jehus Tat als Königsmord.

Jehu verweigert die Kommunikation mit Isebel. Er ruft unpersönlich nach Gehilfen – und erhält sie sofort. Auf Jehus Befehl werfen Hofleute Isebel aus dem Fenster. Mehr noch als dieser Todessturz beschäftigt die Erzählung aber die Gewalt an der Leiche Isebels. Ihr Körper wird ausgelöscht; die Macht der Sprache geht sogar noch weiter. Ihr Mörder Jehu will sie zwar zunächst begraben lassen, als man ihn schließlich über den zerfetzten Zustand ihres Körpers informiert, deutet er das Fehlen einer Erinnerungsstätte sofort mit einem Prophetenwort: Dass ihre Leiche von den Hunden gefressen werden soll, weist zurück auf 1 Kön 21,23.

In der letzten Nennung ihres Namens im Mund ihres Mörders wird Isebels Name verunglimpft. Ihre Leiche solle wie „Mist auf dem Feld" sein. „Mist" ist eine Anspielung auf „Kot" (hebr.: säbäl); 'i heißt „Insel". So hören wir in Isebels Namen am Ende nicht mehr „wo ist der Prinz" (s.o.), sondern „ein Haufen Dreck".

Atalja

Als königliche Frau aus dem Haus Omri ist Atalja nicht nur der negativen Darstellung nach mit Isebel verwandt. In der Einführung des Königs Ahasja von Juda wird sie zum ersten Mal als seine Mutter genannt (2 Kön 8,25-29). Die Nennung der Königsmutter im Kontext der Einführung der judäischen Könige ist gängig und weist auf die besondere politische Bedeutung dieser Frauen hin, die an der Regierung mitwirken.

Die königliche Macht Ataljas geht jedoch über diese Funktion im Hintergrund des Königs hinaus. Nach der Ermordung ihres Sohnes – ebenfalls durch den Mörder Isebels, Jehu – übernimmt sie die Regierung und bleibt sechs Jahre an der Macht (2 Kön 11). Auch ihr Name ist mit Gewalt verbunden – als Täterin und als Opfer: Das Ausrotten der eigenen Familie im Dienst der Macht – solches Verhalten ist schon außergewöhnlich skrupellos. Wie Isebel wird auch Atalja von ihren politischen Gegnern ermordet. Ebenso erinnert der Ort ihres Todes an die Vorgängerin: in Palastnähe, und auch hier spielen Pferde eine Rolle.

Der gewalttätigen Atalja steht in 2 Kön 11,2 die Schwester Ahasjas, Joscheba, gegenüber. Sie rettet einen Sohn Ahasjas, indem sie ihn mitsamt seiner Amme vor dem Zugriff seiner Großmutter bewahrt.

Obwohl sie als Königin regiert, wird Atalja die schematische Darstellung verwehrt, die den Königen von Israel und Juda – ob negativ oder positiv beurteilt – zuteil wird. Ihre Herrschaft erscheint als Lapsus, als Ausrutscher. Als judäische Königin ist sie gleich durch zwei Makel gekennzeichnet: Sie ist Frau, und sie ist nicht aus Davids Stamm. Das reicht aus, um sie durch das Raster der Geschichtsschreibung fallen zu lassen.

Schuld, Macht und das Vor-Urteil der Leserin

Mächtige Frauen scheinen ein negatives Urteil ganz besonders herauszufordern. Die machtvolle Frau wird immer wieder als Bedrohung der patriarchalen Herrschaft angesehen. Dementsprechend komplex ist die biblische Darstellung mächtiger Frauen. Uta Schmidt hat in ihrer Auslegung der Königebücher herausgefunden, dass „alle mächtigen Frauen (außer der Prophetin Hulda) in der Interaktion in einen Machtkampf mit einem weiteren Charakter verstrickt sind, ihre Machtposition also auch dadurch in Frage gestellt wird. [...] Sie gefährden mit ihrer Macht bzw. ihrem Anspruch darauf die existierende patriarchale Ordnung offensichtlich so sehr, dass in der Logik der Erzählung drastische Mittel nötig sind, diese wiederherzustellen." (242) Beide Frauen – Isebel und Atalja – kommen im erzählten Machtkampf um. Der Widerspenstigen Zähmung gelingt – und den hohen Preis bezahlen die mächtigen Frauen.

Es ist nicht zu leugnen, dass Erzählgemeinschaften, die besonders mächtige Frauen auch als besonders schuldige Frauen darstellen, von dieser Darstellung profitieren: Die Macht von Frauen wird so in sich suspekt. Zwar gibt es mehr negativ beurteilte Könige als solchermaßen qualifizierte königliche Frauen – umgekehrt aber lässt sich keine Königin finden, die eine solch positive Würdigung erfährt wie etwa König Joschija. Die einzige, die Ausnahmekönigin Atalja, ist eben auch eine negativ dargestellte Königin.

Aber auch wenn wir erkennen, dass diese Erzählungen patriarchale Muster bedienen, sind wir nicht davon dispensiert, die Schuld dieser Frauen beim Namen zu nennen. Dass die Macht von Frauen tendenziell als Machtmissbrauch dargestellt wird, ist bitter – aber wird der Machtmissbrauch (etwa in der Erzählung von Nabots Weinberg) dadurch besser?

Um die Zweideutigkeit werden heutige AuslegerInnen nicht herum kommen. Isebel und Atalja sind machtvolle Frauen. Dass wir von ihnen erzählt bekommen, stärkt das Selbstbewusstsein jener Frauen, die sich nicht auf klassische Rollenklischees festlegen lassen wollen. Es ist gut zu wissen, dass es königliche Macht in der Hand von Frauen auch im biblischen Israel gegeben hat. Isebel und Atalja sind aber auch gewalttätige Frauen; und dieser Gewalttätigkeit gilt die prophetische Kritik – bis heute.

LITERATUR

Bail, Ulrike, Der Fall Isebel(s) oder: Ein Fenstersturz, eine abwesende Leiche und ein Zitat, in: Hedwig-Jahnow-Forschungsprojekt (Hg.), Körperkonzepte im Ersten Testament. Aspekte einer feministischen Anthropologie, Stuttgart 2003, S. 80-93

Franke, Julitta, Isebel, die gestürzte Göttin, in: Marga Monheim u.a., Isebel. Die Gegenspielerin des Propheten Elija (Ausstellungskatalog des Frauenmuseums) Bonn 1998

Lee, Kyung Sook, Die Königs-Bücher. Frauen-Bilder ohne Frauen-Wirklichkeit, in: Luise Schottroff, *Luise/Wacker, Marie-Theres* (Hrsg.), Kompendium feministische Bibelauslegung, Gütersloh 1999, S 130-145

Sals, Ulrike, Das literarisierte Königspaar Ahab und Isebel im Geflecht von Traditionen und Beziehungen, in: Elmar Klinger u.a. (Hrsg.), Paare in antiken religiösen Texten und Bildern. Symbole für Geschlechterrollen damals und heute, Würzburg 2002, S. 133-162
Schaumberger, Christine/Schottroff, Luise, Schuld und Macht. Studien zu einer feministischen Befreiungstheologie, München 1988
Schmidt, Uta, Zentrale Randfiguren. Strukturen der Darstellung von Frauen in den Erzählungen der Königsbücher, Gütersloh 2003

Bibelarbeit

▨ 1. Auf den Bibeltext zugehen

▷ Das Thema „machtvolle Frauen" wird als Weg zum biblischen Text hin gewählt. Auf einem Plakat steht in der linken Hälfte das Wort „Frauen", in der rechten Hälfte das Wort „Macht", ein Bindestrich verbindet die Begriffe. Die Teilnehmenden werden eingeladen, in einem ersten Schritt schweigend ihre Assoziationen zu diesen beiden Begriffen auf das Plakat zu schreiben.

▷ Daran schließt sich ein Gespräch über das, was auf dem Plakat sichtbar wird, an. Dabei sollten nicht nur allgemeine Stellungnahmen möglich sein, sondern auf die Konkretisierung geachtet werden.

▷ In einem zweiten Schritt wird das Wort „Bosheit" in die Mitte geklebt Die Frauen sprechen, wie und wann Frauen an der Macht als „böse" eingestuft werden. Gibt es da Unterschiede zu den Männern?

▷ Einige Bilder zu „Isebel" von Schenkel werden mit dem Tageslichtschreiber projiziert. Dazu werden folgende Fragen gestellt: Was sehe ich? Was spüre ich? Welches Wort verbindet sich für mich am meisten damit? (Bilder siehe unten) Nach jeder Frage äußern sich Teilnehmerinnen dazu.

▨ 2. Dem Bibeltext begegnen

▷ Hier wird die Gestalt der Isebel ins Zentrum gestellt. Durch die bruchstückhaften biblischen Erzählstücke nach Art einer Collage bietet sich eine Collage zur bildnerischen Umsetzung an.

▷ Die einzelnen Textstücke, in denen Isebel eine Rolle spielt, werden vorgelesen (in 1 Kön 18 und 19, mindestens aber die Erzählungen von Nabots Weinberg (1 Kön 21) und Isebels Tod (2 Kön 9).

▷ Die TeilnehmerInnen finden sich in Gruppen zu 3 bis 4 Personen zusammen. Sie erhalten Material für eine Collage (Zeitschriften, Schere, Klebestifte, Packpapier). In ihr sollen die Profile der beteiligten Handelnden herausgearbeitet werden. Leitfrage kann sein: „Wie ist Isebel?", „Wie ist Jehu?" etc.

▷ Erfahrungsgemäß führen die ausgewählten Bilder eher zu einer Zuspitzung als zu ausdifferenzierten Sichtweisen. Deshalb sollte im Anschluss an diese Arbeit unbedingt Raum bleiben für einen Austausch im Gespräch.

Alternative zur Collage: Textarbeit
▷ Die Teilnehmerinnen schreiben nach dem Vorlesen in kleinen Gruppen zu je 3-4 zunächst die Wörter heraus, die Isebel charakterisieren und erstellen dann ein Profil von ihr, desgleichen von Elija, Ahab und Jehu und zeichnen dann eine Skizze, wer durch wen und an wem handelt. Die Beobachtungen werden dann gemeinsam ausgetauscht und von der Leitung ergänzt.
▷ Gleichermaßen kann mit der Atalja-Geschichte verfahren werden: Auf die Lektüre von 2 Kön 8,25-29 und 2 Kön 11 folgt eine Charakterisierung.
▷ Ein Rundgespräch schließt sich an: Welche Perspektive und welche Bewertungen bieten uns die biblischen Texte an? Wie wirkt sich das auf uns als Leserinnen aus?

3. Mit dem Bibeltext weitergehen

▷ Im Austausch über die Darstellungen in Text und Bild geht es auch darum, sich persönlich in ein Verhältnis erstens zum biblischen Text und zweitens zum Thema Macht zu setzen. Dabei können folgende Fragen eine Rolle spielen:
• Welche positiven, welche negativen Züge sehe ich in Elija, Isebel, Jehu?
• Kenne ich „mächtige" Frauen?
• Habe ich Erfahrungen mit meiner eigenen Macht:
a) als förderlicher Macht,
b) als zerstörerischer Macht?

Alternative
▷ Bei Gruppen, die kreative Zugänge gewohnt sind, bietet sich auch folgende Vertiefung an:
Die Frauen schreiben nach der Textarbeit einen „Brief" der Isebel, in dem sie ihr eigenes Tun und die Darstellungen der Verfasser bedenkt und kritisch beleuchtet.
Die Teilnehmerinnen lesen einige der Briefe vor (auf freiwilliger Basis).
▷ Anschließend kann ein Rollengespräch das Thema aktualisieren:
Die Frauen wählen zwischen den beiden Raumhälften. Auf einer finden sich solche ein, die aus der Sicht der biblischen Erzählgemeinschaft auf das Geschehen sehen wollen, auf der anderen solche, die aus der Sicht Isebels das Ganze besprechen möchten. Der Dialog der beiden Gruppen beginnt. Er sollte nicht über 15-20 Minuten dauern. Danach soll noch Zeit sein zur Reflexion über die dabei gemachten Erfahrungen.
▷ Ein Gespräch über die Macht von (Vor-)urteilen und Verurteilungen, Schuldigsprechungen und Entschuldigungen wird sich wahrscheinlich anschließen.
▷ Zum Abschluss können die Bilder 1-4 von Ulla Schenkel noch einmal betrachtet werden. Welchen Satz möchte ich als Botschaft aus der Bibelarbeit anderen als Kommentar dazu sagen?

Ulla Schenkel, „Die große Königin Isebel tritt mit ihren Höflingen dem aus der Schlacht kommenden Jehu entgegen", 1997, Linoldruck, 62 x 48 cm, Fotos: Dietmar Harnis, © VG Bild-Kunst, Bonn 2005

Ulla Schenkel, „Jehu gibt Isebels Höflingen ein Zeichen, sie stoßen Isebel von der Mauer des Palastes", 1997, Linoldruck, 62 x 48 cm, Fotos: Dietmar Harnis, © VG Bild-Kunst, Bonn 2005

Ulla Schenkel, „Isebels Leichnam wird von den Hunden gefressen", 1997, Linoldruck, 62 x 48 cm, Fotos: Dietmar Harnis, © VG Bild-Kunst, Bonn 2005

Ulla Schenkel, „Auf dem gedüngten Acker wächst ein Baum. Jede Frucht des Baumes ist die große Königin Isebel", 1997, Linoldruck, 62 x 48 cm, Fotos: Dietmar Harnis, © VG Bild-Kunst, Bonn 2005

Gabriele Theuer

„Geh, nimm dir eine Dirne zur Frau!"

Bibelarbeit zur Hure Gomer im Buch Hosea

Eine äußerst befremdliche Eheschließung (Hos 1)

In der Bibel begegnet uns häufig das ganz profane Bild der Hure, z.b. beim Propheten Ezechiel oder das Bild der „Hure Babylon" in der Offenbarung des Johannes.

Eine Hure – heute verbinden wir damit ähnliche Assoziationen wie zur Zeit der Bibel: moralisch zu verurteilendes Verhalten, man redet nicht offen darüber oder aber von oben herab.

Das Hoseabuch setzt nun sogar mit der Nennung einer Hure ein – ein ungewöhnlicher Auftakt. Und noch befremdlicher ist es, dass dieses Bild hier mit dem Auftrag Gottes zu einer Eheschließung verbunden ist. Die meisten Menschen heute verbinden mit dem Stichwort „Hochzeit" ja Vorstellungen von romantischer Liebe, Glück und Zärtlichkeit.

Doch hier lesen wir gleich nach der Einleitung in das Prophetenbuch die Aufforderung Gottes: „Der Herr sagte zu Hosea: Geh, nimm dir eine Kultdirne zur Frau, und [zeuge] Dirnenkinder!" (Hos 1,2)

Was für ein ungewöhnlicher, befremdlicher Auftrag, der hier sogar ausdrücklich als Auftrag Jahwes dargestellt wird. Die (knappe) Formulierung „Geh, nimm dir!" zeigt die Unbedingtheit des göttlichen Anspruchs, die einen tiefen Einschnitt im Leben des Betroffenen markiert. Ist es nicht eine unerhörte Zumutung an den Propheten, eine Frau zu heiraten, die als öffentliche Dirne bekannt ist und mit dieser eine Familie zu gründen? Wie mag es Hosea mit diesem Auftrag Gottes gehen? Löst er in ihm heftige Widerstände aus? Wie schwer mag es ihm fallen, eine Frau zu heiraten, die eine Hure ist? Und wie mag es Gomer mit dieser Heirat gehen?

Der Text schweigt über die Gefühle der beiden. Vielmehr heißt es lapidar: „Da ging Hosea und nahm Gomer, die Tochter Diblajims, zur Frau, sie wurde schwanger und gebar ihm einen Sohn." (1,3) Wir erfahren weder, ob Hosea diese Frau liebt, noch etwas über die Gefühle Gomers.

Die knappe, notizartige Darstellung der äußeren Geschehnisse unterstreicht, dass der Prophet ganz Werkzeug Gottes, „Sprachrohr" für Gottes Selbstmitteilung an die Menschen ist. Sein persönliches Schicksal tritt ganz hinter seinen Auftrag zurück. Von der Biographie Hoseas wissen wir daher auch so gut wie nichts. Wir erfahren lediglich, dass er der Sohn Beeris war, zur Zeit König Jerobeams II. (ca.

750-720 v.Chr.) im Nordreich Israel wirkte und mit einer Frau namens Gomer, Tochter eines Diblajim, verheiratet war, mit der er zwei Söhne und eine Tochter hatte. Die Ehe Hoseas mit der Hure Gomer dient lediglich dazu, die Botschaft des Propheten für Israel zu verdeutlichen. Das Geschehen spiegelt ausschließlich die Männerperspektive: die Frau und die Kinder werden funktionalisiert.

Dies illustrieren in drastischer Weise die Namen der Kinder, die Hosea von Gomer bekommt und die durch ihre Namen als Träger der Gerichtspredigt Jahwes auftreten.

Der erste Sohn erhält den Namen „Jesreel", so wie die fruchtbare Ebene in Israel, die Schauplatz vieler blutiger Schlachten war. Der Name wird durch eine Gottesrede gedeutet (1,4f.): Jahwe wird das „Haus Jehu", d.h. die im Nordreich regierende Königsfamilie, für eine „Blutschuld" bestrafen. Vermutlich bezieht sich dies auf den Staatsstreich Jehus, der um 845 v. Chr. die Macht an sich riss, indem er alle Mitglieder der Königsfamilie, die gesellschaftliche Oberschicht und die Baalspriester ausrottete (vgl. 2 Kön 9,15ff.; 10). Dieses Ereignis lag zur Zeit Hoseas zwar ca. 100 Jahre zurück, aber Jerobeam II. war der Urenkel Jehus; seine Herrschaft gründete somit auf der Gewalttat seines Vorfahren.

Für uns äußerst befremdlich, wenn nicht schockierend, ist der Name der Tochter, „Lo Ruhama" d.h. „Kein Erbarmen" (1,6f.). Der Name soll die Aussage Jahwes illustrieren, dass er Israel sein Erbarmen entziehen werde. Dies scheint nahezu unvorstellbar. Das Erbarmen Jahwes ist Grundbestandteil des alttestamentlichen Gottesbildes; aufgrund seines Erbarmens gibt Jahwe Israel trotz seiner Untreue nicht auf, sondern gewährt ihm immer wieder Rettung. Kündigt Jahwe sein Erbarmen auf, ist Israel ohne göttlichen Schutz sich selbst überlassen und hilflos den Feinden ausgeliefert.

Der Name des zweiten Sohnes, „Lo Ami" d.h. „Nicht mein Volk" (1,8f.), übertrifft noch die negative Aussage von „Lo Ruhama". Er illustriert die kaum vorstellbare Tatsache, dass Gott sich von seinem Volk lossagt! Der Name erinnert an die Selbstvorstellung Gottes als „Ich-bin-da für euch" (Ex 3,14) im Kontext der Befreiung aus Ägypten und dem Bundesschluss Gottes mit Israel am Sinai. Demgegenüber bringt der Name „Lo Ami" auf drastische Weise zum Ausdruck, dass Israels vergangene Heilsgeschichte mit Jahwe seit dem Auszug aus Ägypten und das einzigartige Verhältnis Israels zu Jahwe beendet und bedeutungslos geworden ist! Er formuliert so quasi eine Zerstörung des „Urcredos" Israels.

Bemerkenswert ist in diesem Abschnitt die subtile Abwertung Gomers durch die rhetorisch hergestellte Beziehung bzw. Nicht-Beziehung der Hauptpersonen zu Gott: Mit seinem Propheten Hosea steht Gott in einem kontinuierlichen Gespräch. Er erteilt ihm den Auftrag zur Heirat und veranlasst die Namensgebung der Kinder, die Hoseas Frau zur Welt bringt (1,3-9). Gomer dagegen, die Frau Hoseas und Mutter der Kinder, bleibt stumm. Sie wird dafür pointiert in ihrem biologischen Verhältnis zu ihren Kindern gezeichnet: als Schwangere, Gebärende und (Ab-)Stillende.

Befremdlich erscheint auch, dass die Eheschließung nur aus der Perspektive des Propheten beschrieben wird. Die Frau wird hier nicht in ihrer Individualität, in ihrer unverwechselbaren Persönlichkeit wahrgenommen, sondern lediglich in ihrer Funktion als Dirne. Gomer wird nicht aus Liebe geheiratet, sondern weil sie eine Dirne ist. Dies ist umso erstaunlicher auf dem Hintergrund der Gesellschaft Alt-Israels, wo die Jungfräulichkeit der Frau, so wie heute noch in vielen orientalischen Ländern üblich, normalerweise die Voraussetzung für ihre Heirat war – es sei denn, es handelte sich um eine Witwe oder eine geschiedene Frau, für die es weitaus schwieriger war, einen Ehemann zu finden.

Kann so eine Verbindung denn überhaupt gut gehen?

Die Verstoßung der Hure und ein neuer Anfang (Hos 2)

Wie als Bestätigung aller Skepsis lesen wir einige Abschnitte später die Aufforderung: „Verklagt eure Mutter, verklagt sie! Denn sie ist nicht meine Frau, und ich bin nicht ihr Mann. Sie soll von ihrem Gesicht das Dirnenzeichen entfernen und von ihren Brüsten die Male des Ehebruchs. Sonst ziehe ich sie nackt aus ... und lasse sie verdursten." (Hos 2,4-5)

Worte, die unter die Haut gehen. Kinder werden aufgefordert, ihre eigene Mutter zu verklagen. Umso schockierender, dass in dieser „Gerichtsverhandlung" der Ehemann transparent ist auf Jahwe selbst. Jahwe tritt hier als eifersüchtiger betrogener Ehemann auf, der seine „Frau" (das Volk) anklagt, sie sei „Liebhabern" nachgelaufen, statt ihm allein, ihrem wahren Versorger, ihre Aufmerksamkeit zu schenken. Konsequenz ist die sofortige Auflösung der Ehe unter für die Frau äußerst demütigenden Umständen.

Doch es kommt noch schlimmer, denn Gott in der Rolle des Ehemannes fährt fort: „Auch mit ihren Kindern habe ich kein Erbarmen, denn es sind Dirnenkinder. Ja, ihre Mutter war eine Dirne, die Frau, die sie gebar, trieb schändliche Dinge" (Hos 2,6-7).

Erst wird der Prophet aufgefordert, eine Dirne zur Frau zu nehmen – und dann soll er sie genau deshalb, weil sie eine Dirne ist, wieder verstoßen! Was heißt das für die Frau? Und auch die Kinder müssen dafür büßen! Wie können solche Worte in der Bibel stehen? Wie ist dies mit unserem Gottesbild zu vereinbaren? Wichtig ist, das Buch trotz dieses schockierenden Anfangs nicht konsterniert aus der Hand zu legen, sondern weiter zu lesen.

Nach der drastischen Schilderung der Verstoßung und Bestrafung der Frau wegen ihrer „Hurerei" kommt plötzlich die überraschende Wende – die Schilderung eines neuen Anfangs der Beziehung. Nachdem das Kulturland verwüstet und seine Segnungen, Weinreben und Feigenbäume, zurückgenommen sind (2,14), wird gerade dieses scheinbare „Aus" zur Möglichkeit eines neuen Anfangs. Gerade in der Wüste, dem Ort der Ausgesetztheit schlechthin, wird die „Hure" wieder zu ihrem Ehemann zurückfinden.

Bezeichnend ist, dass auch für diesen neuen Anfang der Beziehung die Initiative wieder von Jahwe ausgeht: „Darum will ich selbst sie verlocken. Ich will sie in die Wüste hinausführen und sie umwerben. ... Sie wird mir dorthin bereitwillig folgen wie in den Tagen ihrer Jugend, wie damals, als sie aus Ägypten heraufzog." (Hos 2,16)

Das Ehedrama zwischen dem betrogenen und liebenden Ehemann und seiner abtrünnigen Frau illustriert das Verhältnis Jahwes zu seinem Volk Israel. Die „Wüste" ist bei Hosea sowohl der Ort, an dem sich Israel vor seinem Einzug ins Kulturland aufhielt, als auch der ideale Ort des geglückten Gottesverhältnisses. Dabei steht die „Wüste" im Gegensatz zum Kulturland, das die Verwerfung Jahwes durch Israel beinhaltet. Der Auszug aus Ägypten zeigt Jahwes Erwählungs- und Rettungshandeln, die ideale Gottesgemeinschaft in der Wüste mit der unbedingten Angewiesenheit Israels auf die Fürsorge Jahwes. Entsprechend verbindet Hosea Israels neue Gottesbegegnung in der Wüste mit dem neuen Geschenk der Weinberge im Kulturland (2,16f.).

In den Gegenüberstellungen von Wüstenzeit und Kulturlandzeit geht es somit um Grundkonstellationen des Gottesverhältnisses Israels seit Beginn seiner Heilsgeschichte, die Hosea mit verschiedenen Begriffspaaren zum Ausdruck bringt: neben der Opposition „Wüste" und Kulturland (9,10; 13,5f.) schreibt er auch von „Liebe Gottes" und Israels Opfer an „die Baale" (11,1f.), bzw. „Erkenntnis Gottes" und „Abfall zu (den) Baal(en)". Das Hosea-Buch bietet so einen eindrucksvollen Einblick in den Kampf Jahwes um eine exklusive persönliche Beziehung zu seinem Volk, das aber diese (noch) nicht eingegangen war, ja nicht eingehen wollte.

Nun, in der Wüste wird die Frau, d.h. Israel, Jahwe erkennen als den Mann, der sie – im Gegensatz zu ihren Liebhabern – wahrhaftig liebt und für sie sorgt. Erst diese Einsicht und die damit verbundene Umorientierung der Frau ermöglicht eine neue, tiefere Beziehung, die nun dauerhaften Bestand hat: „An jenem Tag – Spruch des Herrn – wirst du zu mir sagen: Mein Mann!, und nicht mehr: Mein Baal!" (2,18). Und Gott als „Ehemann" antwortet mit der Zusage: „Ich traue dich mir an auf ewig, ich traue dich mir an um den Brautpreis von Gerechtigkeit und Recht, von Liebe und Erbarmen,, ich traue dich mir an um den Brautpreis meiner Treue: Dann wirst du den Herrn erkennen." (2,21f.)

In dieser neuen Verbindung werden auch die ursprünglichen Strafnamen der Kinder ins Gegenteil verwandelt. So verspricht Jahwe: „Ich habe Erbarmen mit Lo-Ruhama (Kein Erbarmen), und zu Lo-Ammi (Nicht mein Volk) sage ich: Du bist mein Volk!, und er wird sagen: (Du bist) mein Gott!" (2,25).

Bereits in Hos 2,1-3 erscheinen die „Kinder Gomers" rehabilitiert. Insbesondere der Unheilsname der Tochter „Lo-Ruhama", der den Entzug des Erbarmens Gottes ansagte, wird ausbalanciert durch die erneute Zusage seines Erbarmens. Gott gewinnt dabei zugleich weiblich-mütterliche Züge, da das hebräische Wort für Erbarmen sich von dem Wort „rächäm", „Mutterschoß" ableitet. Die leibliche Mutter der Kinder, Gomer, ist dagegen hier aus dem Blickfeld verschwunden.

Wer ist Gomer?

Obwohl die „Hure" Gomer in den ersten drei Kapiteln des Hoseabuches eine tragende Rolle spielt, erfahren wir kaum etwas über sie, außer dass sie die Tochter eines Mannes namens Diblajim (dblym) ist, dessen Name den kanaanäischen Meeresgott (ym) als Fürsten preist. Es fällt auf, dass der Name „Gomer" sonst nirgends im Alten Testament begegnet, vermutlich handelt es sich also um einen symbolträchtigen Namen. Auch die Kinder Gomers erhielten ja Unheil ankündigende Symbolnamen. An Stelle von „Gomer" ist ein ähnlicher Name im Alten Testament verbreitet: „Gamarja" bzw. „Gamarjahu" mit der Bedeutung: „Jahwe hat [die Geburt] vollendet". „Gomer" ist so vermutlich als Dankname, „vollendet", zu deuten.

Wir sind es nach traditioneller Auslegung gewohnt, Gomer ohne lang nachzudenken als „Hure" zu klassifizieren. Entsprechend charakterisiert die Einheitsübersetzung Gomer als „Kultdirne", Luther übersetzt „Hure". Dahinter steht die gängige Annahme, dass zur Zeit Hoseas an den lokalen Höhenheiligtümern, den sog. „Kulthöhen", sakrale Prostitution zur Förderung der Fruchtbarkeit des Landes betrieben wurde. Allerdings ist Kultprostitution in Israel und seiner Umgebung nicht eindeutig nachweisbar. Zudem gibt es ein eigenes hebräisches Wort für „Kultprostituierte", nämlich „Qedesche".

Um näheren Aufschluss über Gomer zu gewinnen, ist ein Blick auf den hebräischen Wortlaut aufschlussreich: Gomer wird in Hos 1,2 als „'eschaet zenunim" bezeichnet. Das Verb znh bezeichnet allgemein nichteheliche Formen des Sexualverkehrs, insbesondere das von purer Lust getriebene Eingehen nicht-ehelicher Beziehungen. Marie-Theres Wacker charakterisiert Gomer daher als „eine Frau, die aus ‚purer Lust' Männerbeziehungen eingeht" (Wacker 1999, 299). Sie übersetzt den Gottesauftrag an Hosea: „Geh, nimm dir eine von Lust Getriebene zur Frau und ebensolche Kinder, denn wie eine von Lust Getriebene wendet sich das Land von Jahwe ab." Möglich wäre auch die Übersetzung: „Geh, nimm dir eine Frau von Unzucht und [zeuge] Unzuchtskinder." Das Wort „Unzucht" findet sich auch in anderen alttestamentlichen Texten zur Bezeichnung der Fremdgötter-Verehrung (vgl. 2 Kön 9,22; Nah 3,4). Das Gemeinsame im Vergleich ist die Untreue, im Fall Israel die Untreue gegenüber Jahwe.

Es ist denkbar, dass Gomer als „Frau von Unzucht" an den von Hosea verurteilten nicht Jahwe-gemäßen Kultpraktiken teilgenommen hat. Es bleibt aber offen, ob die „Lust" Gomers für bestimmte Sexualriten im Kult Israels steht und wenn ja, für welche. Weitere Aufschlüsse darüber, wofür die „Hurerei" Gomers steht, eröffnet ein Blick auf die Zeit Hoseas und die Intention des Propheten.

„Huren" als Abwendung von Jahwe
Hosea trat im 8. Jh. v. Chr. unter König Jerobeam von Israel im Nordreich Israel auf. Unter diesem König blühten an den zahlreichen lokalen Heiligtümern des Landes die Kulte verschiedener kanaanäischer Göttinnen und Götter.

Wie ein roter Faden zieht sich durch das Hoseabuch die Anklage, Israel habe Gott „vergessen" und sei „zu Baal abgefallen". Zwar nehmen die Heiligtümer und Opferfeiern an Zahl und Prunk zu, doch ihr Bezug zu dem Gott, der Israel aus Ägypten geführt hat, ist verloren gegangen. Jahwe wurde vorwiegend als Vegetationsgott gesehen, so wie der kanaanäische Wetter- und Fruchtbarkeitsgott Baal, der selber dem Kreislauf der Natur unterworfen war. Diese Vermischung von „Jahwe" und „Baal" in Glaube und Kult (Synkretismus) bedeutete für Hosea „Abfall zu den Baalen" und damit „Hurerei". Auch in den Erzählungen vom Propheten Elischa begegnet der Begriff der „Hurerei" in diesem Sinne, dort bezogen auf die Königin Isebel (vgl. 2 Kön 9,22).

Dabei steht „Baal" als Repräsentant für alle Götter und Göttinnen, die für Hosea dem Jahweglauben entgegenstehen, diesen aber stark beeinflussen, überfremden und verändern. „Baal" ist damit Chiffre für ein verfehltes Gottesverhältnis und insbesondere für einen verfehlten, kanaanisierten Gottesdienst. Als solche ist er austauschbar mit dem Begriff der „Hurerei", der ebenfalls für den komplexen Sachverhalt des Abfalls von Jahwe steht. Die Rede von der „Hurerei" ist also keine Anspielung auf sexuelle Ausschweifungen an den Höhenheiligtümern, sondern eine religiöse Kategorie.

„Hurerei" bzw. „Abfall zu Baal" einerseits und „Treue zu Jahwe" andererseits stehen als Chiffre für rechten und verfehlten Gottesdienst Israels. Mit den plakativen Bildworten „huren", „lieben" oder „sich weihen" will Hosea die ungehemmte, intime und rückhaltlose Hingabe Israels an „Baal" zum Ausdruck bringen und zugleich die katastrophale Folge dieser Hingabe aufzeigen. Mit der Anklage der „Hurerei" geht es Hosea um die Entlarvung dieser grundsätzlichen Einstellung Israels, die er auch im Vertrauen auf den König sowie auf dem Feld der Außenpolitik im Hoffen auf Assur und Ägypten entdeckt (13,9-11). Die Konsequenz besteht darin, dass Gott seine Geschichte mit Israel rückgängig macht: Sein Volk verliert das Land, das ja eine Gabe Gottes darstellt, und alle Vorteile, die ihm aus seinem Verhältnis zu Gott in der Vergangenheit erwachsen sind.

Der Untergang des Nordreichs (722 v. Chr.) gab Hoseas Gerichtsansage recht. Seine Botschaft wurde von Flüchtlingen aus dem Nordreich mit nach Juda und Jerusalem gebracht und dort an die veränderten Verhältnisse angepasst. Das Hoseabuch im Ganzen ist so die Reflexion mehrerer Generationen, die Verkündigung des Propheten erfuhr eine lange Fortschreibungsgeschichte bis in die nachexilische Zeit hinein. Das Prophetenbuch verarbeitet den Untergang des Nordreiches Israel, der auf den Abfall von Jahwe, die „Hurerei" Israels mit „Baal", zurückgeführt wird. Es will nun das Südreich Juda vor einer ähnlichen Katastrophe bewahren: „Auch wenn du, Israel, zur Dirne wirst, so soll sich doch Juda nicht schuldig machen". (4,15) Dieser Vers bestätigt, dass der Ausdruck „Dirne" bzw. „Hure" im Hoseabuch für das Volk steht, das sich von Jahwe ab- und anderen Göttern zuwendet. Die Personifizierung als „Frau" könnte damit zusammenhängen, dass an den Höhenheiligtümern die

Verehrung der kanaanäischen Fruchtbarkeitsgöttin Aschera in großer Blüte stand.

Die Wiederaufnahme einer Beziehung (Hos 3)

Im 3. Kapitel des Hoseabuches berichtet Hosea (in Ich-Form) von einem erneuten Auftrag Jahwes, vergleichbar dem ersten Auftrag zur Eheschließung (1,2-9): er soll seine Frau aus den Männerbeziehungen, in die sie nach ihrer Entlassung aus der Ehe wohl geraten ist, zurück kaufen (3,1f.): „Geh noch einmal hin und liebe die Frau, die einen Liebhaber hat und Ehebruch treibt. (Liebe sie) so, wie der Herr die Söhne Israels liebt, obwohl sie sich anderen Göttern zuwenden und Opferkuchen aus Rosinen lieben" (3,1).

Unklar bleibt, wo und unter wessen Aufsicht die Frau sich inzwischen befunden hat. Dieses erneute Zu-sich-Nehmen der Frau, wahrscheinlich Gomers, hat symbolische Funktion: Es soll das Verhältnis Jahwes zu Israel darstellen, der Israel liebt, auch wenn es anderen Göttern nachläuft. Die „Opferkuchen aus Rosinen" deuten dabei auf den Kult der Liebesgöttin Ischtar.

Wieder verkörpert der Prophet mit seiner ganzen Existenz die Botschaft Jahwes. Die in Hos 2,16-25 geschilderte neue Verbindung Jahwes mit Israel wird nun auch vom Propheten Hosea selbst gefordert: Er soll die – vorher von ihm verstoßene – Hure Gomer wieder zu sich nehmen, zugleich aber dafür sorgen, dass sie keine Möglichkeit hat, mit ihren früheren Liebhabern Kontakte aufzunehmen (3,1-3). Es handelt sich also um keine freiwillige Umkehr der Frau, sondern diese wird gewaltsam von ihren Liebhabern entfernt und allein auf ihren Ehemann verwiesen, damit sie so durch diese „Entzugsmaßnahme" zur Einsicht gelangt. Wieder schreibt der Text lediglich aus der Perspektive Hoseas; Gomer begegnet nicht als Handelnde sondern als eine, mit der gehandelt wird. Die zurückgeholte Frau wird bei Hosea bleiben und auf ihn warten, sie wird zur sexuellen Enthaltsamkeit gezwungen. Die auf diese Weise zum Ausdruck kommende „Liebe" Hoseas ermöglicht es so der „Hure", ihre früheren Verhaltensweisen aufzugeben.

Dieses rigorose Handeln Hoseas soll die Grundbotschaft Gottes zum Ausdruck bringen: Obwohl Israel sich – wie die „Hure" Gomer – von seinem „Ehemann" Jahwe abwendet und anderen Göttern, anderen „Liebhabern", den Vorzug gibt, ist die Liebe Jahwes zu seinem Volk so groß, dass er nicht anders kann, als Israel trotz dessen beständigen Treuebruchs weiter zu lieben. Dies schließt allerdings Sanktionen gegen „die Ehebrecherin" nicht aus: Einsperren der „Hure" und Entzug von ihren „Liebhabern". Beide Partner sind also von der Normalität ehelicher Liebe noch „viele Tage" entfernt.

Dies bedeutet für Israel: es muss „viele Tage", d.h. eine nicht absehbare Zeit warten und es verliert zugleich seine bislang tragenden Institutionen: König, Beamte sowie die zentralen Formen der Religionsausübung, die Möglichkeiten zum Opferkult und zum Orakel (3,4).

Der Schlussvers des Kapitels blickt voraus auf eine weit entfernte Zeit „am Ende der Tage", in der die Israeliten – nach einer unabsehbar langen Zeit des aufgezwungenen Wartens – „umkehren" und erstmals in eine positive Beziehung zu Jahwe treten, indem sie nicht mit Ab- sondern mit Zuwendung auf die Liebe Jahwes reagieren (3,5). Mit dieser Heilsaussage endet der erste Teil des Hoseabuches. Warum der Gesinnungswandel eintrat, bleibt offen. Möglicherweise ermöglicht die Zeit ohne König und Kult es Israel, in diesen Institutionen die Entstellung seiner Jahwe-Verehrung zu erkennen und zu einer „unverfälschten" Gottesbeziehung zu gelangen.

Das Buch Hosea – ein Buch auch für Frauen?

Ein wesentliches Merkmal des Hoseabuches ist es, dass in weiten Passagen des Buches das Ich des männlichen Propheten fast ununterscheidbar mit dem „Ich Gottes" verschmilzt.

Das Buch ist vor allem in den ersten drei Kapiteln sehr stark von der Dynamik der Geschlechterbeziehung bestimmt. Gleich zu Beginn des Buches soll der Prophet der „Hure" Gomer gegenübertreten, einer Frau, die das seinem Gott treulos gewordene Israel repräsentiert. Dieses Drama der gestörten Beziehung zwischen Mann und Frau, übertragen auf Jahwe und Israel, wird im gesamten Buch ausschließlich aus der Perspektive des Propheten bzw. des im Bild des Ehemannes gezeichneten Gottes, also aus männlicher Sicht entfaltet. Der das göttliche Handeln repräsentierende männliche Prophet trennt sich von seiner gefallenen Frau (2,4ff.), beugt sich dann aber zu ihr hinab und versöhnt sich gnadenvoll mit ihr (2,16ff.), allerdings nicht, ohne sie einer „Entziehungskur" zu unterwerfen.

Gnade und Schuld sind hier geschlechtsspezifisch verteilt, zumal das Vergehen der Frau im Bild moralisch verurteilter weiblicher Sexualität gezeichnet ist.

Aus Frauensicht problematisch bleibt, dass das Bild der nach Hos 3 zu Hause eingesperrten und wartenden Frau, als Bild für das Volk Israel, nicht positiv aufgelöst wird. In den folgenden Kapiteln mit der das Buch abschließenden heilvollen Vision (14,2-9) erscheint Israel nämlich als männliches „Du". Dies könnte damit zusammen hängen, dass die primären Hörer des Textes Männer waren. Frau und Kinder Hoseas kommen hier daher nur funktionalisiert vor!

Diese männerzentrierte Perspektive (des Hoseabuches) wurde durch die Auslegungsgeschichte von ihren jüdischen und christlichen Anfängen an fortgeschrieben. Es ist daher notwendig, das Hoseabuch in vielen Passagen kritisch zu lesen und zumindest ansatzweise neu zu buchstabieren.

Obwohl der Begriff „Hure" bzw. „Hurerei" bei Hosea nicht als Charakterisierung und Verurteilung einer bestimmten Frau zu verstehen ist, hat die „Hure" Gomer in ihrer Auslegungsgeschichte dennoch fatale Auswirkungen auf das biblisch-christliche Frauenbild.

Die „Hure" Gomer passt in das Frauenklischee der Bibel, wie es in der Wirkungsgeschichte der biblischen Texte nur allzu häufig vermittelt wurde: der Bogen spannt sich von der „Verführerin" Eva bis zur „Sünderin" Maria Magdalena mit zahlreichen Frauen dazwischen, die zu Unrecht als „Sünderin" abgestempelt worden sind. Noch heute ist in Männerkreisen das Klischee von der Frau als potentieller Verführerin, als „Versuchung", die den Mann vom rechten Weg abbringen kann, weit verbreitet. Es ist daher dringend notwendig, solche klischeehaften Frauenbilder aufzubrechen und die eigentliche, im Regelfall positive Bedeutung der biblischen Frauen dagegen zu setzen.

Aus Frauenperspektive äußerst problematisch ist zudem der gewalttätige Zugriff, den der anklagende Ehemann, der auf Gott selbst transparent ist, im 2. Kapitel auf sein Gegenüber, die „Frau/Mutter", ausübt. Freiheitsberaubung (2,8) und sexuelle Demütigung (2,11f.) scheinen hier legitime Äußerungen „eheherrlicher Gewalt". Diese Bilder könnten das Bild eines zu Gewalt bereiten und Gewalt legitimierenden Gottes entstehen lassen. Sie könnten weiter dazu missbraucht werden, männliche Gewalt (insbesondere in der Ehe) gegenüber Frauen (und Kindern) zu legitimieren.

Es ist daher unbedingt notwendig, die möglicherweise verheerende Macht solcher Bilder durch die Erinnerung an andere Redeweisen von Gott aufzubrechen, indem man z.B. die Rede von Gott als liebende Mutter und Vater in Hos 11 einbezieht. So erscheint Jahwe in Hos 11 dezidiert in einer Rolle, die in der patriarchalen Welt normalerweise den Frauen überlassen wurde, um seine Liebe und Fürsorge für Israel zum Ausdruck zu bringen. In der Auslegung des Hoseabuches ist zu beachten, dass Jahwe dort sowohl als enttäuschter liebender Ehemann wie auch als enttäuschte liebende Mutter begegnet. In beiden Rollen wird gesagt, dass er aus Enttäuschung über das Sich-Abwenden seiner Frau bzw. des „Sohnes" ein hartes Gericht über Israel bringen, zugleich aber aufgrund seiner (weiblich-mütterlichen) Barmherzigkeit nach dem Gericht seinem Volk neues Heil schenken wird.

LITERATUR
Jeremias, Jörg, Das Buch Hosea (ATD 24/1), Göttingen 1983.
Material zur ökumenischen Bibelwoche 2003-2004, z.B. das Heft „Erkennen – lieben - umkehren.
Wacker, Marie-Theres, Das Buch Hosea. Der gott-identifizierte Mann und die Frau(en) Israel(s), in: *Schottroff, Luise / Wacker, Marie-Theres* (Hg.), Kompendium Feministische Bibelauslegung, Gütersloh, 2. korr. Aufl. 1999.
Dies., Figurationen des Weiblichen im Hoseabuch (HBS 8), Freiburg 1996.

Material

Biblische Figuren; Satzstreifen; Textblätter; Plakate und dicke Stifte.

1. Auf den Bibeltext zugehen

▷ In der Mitte stehen zwei biblische Figuren: ein Mann und eine Frau. Dazwischen liegt ein Satzstreifen: „Geh und heirate eine Hure!"
Die Teilnehmerinnen (TN) tauschen sich in Kleingruppen darüber aus, wie es ihnen mit dieser Aufforderung geht. Anschließend geben einige Rückmeldungen in die Gruppe.

2. Erste Eindrücke vom Bibeltext

▷ Die TN lesen in verteilten Rollen Hos 1,2-8.
▷ Zunächst ist Raum für spontane Reaktionen der TN (auch Unverständnis und Empörung zulassen!).
▷ Anschließend äußern die TN ihre Beobachtungen.
(z.B: Nur Gott spricht, Hosea und Gomer bleiben stumm; wir erfahren nichts über die Gefühle der beiden zueinander ...)
▷ Die TN lesen nun jede für sich Hos 2,4-25 nach der Västeras-Methode: Sie machen ein Fragezeichen an den Rand, wo ihnen etwas unklar ist, ein Ausrufezeichen, wo ihnen etwas wichtig ist und einen Blitz, wo sie Widerspruch anmelden.
▷ Danach werden zunächst die Verständnisfragen der TN in der Gruppe geklärt.
▷ Anschließend werden die mit Blitz markierten Stellen in den Raum gestellt: die TN äußern ihren Widerspruch bzw. ihre Betroffenheit, und die Gruppe versucht gemeinsam den Sinn dieser Passagen zu erschließen.
Die Leiterin lässt dabei Informationen zum zeitgeschichtlichen Kontext einfließen (s. o.).

3. Die „Personen" des Bibeltextes

▷ Die TN beschäftigen sich in 3 Gruppen näher mit jeweils einer der „Personen" der vorher gelesenen Bibeltexte: Hosea; Gomer; Gott.
Sie tauschen sich anhand von Leitfragen über diese Person aus und halten die wesentlichen Aussagen sowie ihre kritischen Anfragen auf einem Plakat fest.

Gruppe Hosea:
• Was erfahren wir aus dem Bibeltext über Hosea?
• Was soll die Heirat zwischen Hosea und der Hure Gomer zum Ausdruck bringen?
• Aus welcher Perspektive ist der Text geschrieben?

Gruppe Gomer:
• Was erfahren wir aus dem Bibeltext über Gomer?
• Wofür könnte die „Hure" Gomer stehen?
• Aus welcher Perspektive ist der Text geschrieben?
• Wie geht es mir mit dem Frauenbild des Textes?

Gruppe Gott:
• Welches Gottesbild vermittelt der Text? (Gibt es eine Wandlung im Gottesbild?)
• Entspricht das Gottesbild des Hoseatextes meinem Gottesbild?

Die Gruppen „Hosea" und „Gomer" nehmen sich die männliche bzw. weibliche biblische Figur und versuchen, ihre Deutung von Hosea bzw. Gomer in der Körperhaltung und Gestik der Figur zum Ausdruck zu bringen. Anschließend stellen sie die Figuren wieder in die Mitte.

Die Gruppe „Gott" könnte aus verschiedenfarbigem Tonpapier Symbole ausschneiden und in die Mitte legen, die das von den TN aus dem Text ermittelte Gottesbild zum Ausdruck bringen. (Falls die Gruppe keine biblischen Figuren besitzt, können die Gruppen „Hosea" und „Gomer" ebenfalls aus Tonpapier Symbole ausschneiden.)

▷ Danach werden die Ergebnisse der Gruppenarbeit vorgestellt. Zunächst äußern die TN der anderen Gruppen, was die Körperhaltung von „Hosea" und „Gomer" bzw. die Symbole für Gott ihrer Meinung nach zum Ausdruck bringen. Die TN der betreffenden Gruppe korrigieren bzw. ergänzen gegebenenfalls.

Dann stellen die verschiedenen Gruppen ihr Plakat und die wesentlichen Aspekte ihres Austausches in der Kleingruppe der Gesamtgruppe vor.
▷ Daran kann sich eine Diskussion in der Gruppe anschließen.

▨ 4. Abschluss

Besinnung und „Blitzlicht":
▷ Die TN nehmen in die rechte Hand eine Perle (Murmel) und in die linke eine Nuss und spüren zunächst jede für sich nach, was ihnen in dieser Bibelarbeit neu aufgegangen bzw. bewusst geworden ist (Perle) und woran sie noch „zu knabbern haben" (Nuss).
▷ Anschließend äußern alle reihum kurz ihre Gedanken (ohne Kommentar).
▷ Als Abschluss kann die Leiterin ein kurzes Segenswort sprechen.

Sonja Strube

Die skrupellose Drahtzieherin und ihre aufreizende Tochter oder: Zähmende Mythen und ihre Entzauberung

Bibelarbeit zu Herodias und ihrer Tochter (Salome), Mk 6,17-29

Der Mythos Salome

Wenige Eltern nennen ihre Tochter „Salome" – und wohl niemand nennt sie „Herodias". Denn die Namen scheinen Programm zu sein; ihnen hängt der Ruch der Ruchlosigkeit, Hinterlist und Verführung an. Einschlägige Etablissements tragen den Namen „Salome" und signalisieren so, was hinter den Kulissen passiert. Beim „Googlen" (Nutzen der Suchmaschine „google" im Internet) allerdings finden sich auch eine Reihe von Fraueninitiativen, die freiwillig und offensichtlich stolz diesen Namen tragen: Ich fand etwa Bauchtanzgruppen, Tanzschulen und eine Frauen-Jazz-Big-Band.

Unser Bild der tanzenden Salome und ihrer Ränke schmiedenden Mutter im Hintergrund ist wesentlich geprägt durch die Kunst und Literatur der Wende vom 19. zum 20. Jahrhundert. Zahlreiche Maler, Literaten und sogar Komponisten wie Richard Strauß wandten sich dem biblischen Thema zu und verwandelten den Stoff dem damaligen Zeitgeist gemäß: Eine gut aussehende, erotisch wirkende junge Frau tanzt nahezu nackt einen aufreizenden, sexualisierten Tanz, der den anwesenden Männern, allen voran ihrem Stiefvater, den Kopf verdreht und sie ihr willenlos ergeben macht. Einige Werke unterstellen ihr, sie habe den Täufer begehrt und ihn aus Rache für die Zurückweisung ihrer Lust enthaupten lassen. Oscar Wilde und sein Illustrator Aubrey Beardsley lassen die lustgetriebene Salome gar den Kopf des Enthaupteten küssen; wie Schlangen kräuseln sich auf Beardsleys Holzschnitt ihre Haarsträhnen, auch ihr Blick hat etwas Dämonisches.

Salome scheint das Klischee des Männer mordenden Vamps perfekt zu bedienen. Zwei Männer werden auf einen Schlag ihre Opfer: der verführte Stiefvater Herodes und der auf sein Geheiß ermordete Täufer Johannes.

Einige Werke gestalten auch die Figur der im Hintergrund agierenden Herodias aus. Listig ist sie der Kopf der Intrige, während ihre schöne Tochter ihren Körper für die gemeinsame Bluttat zur Verfügung stellt.

> „Herodias und Salome treten als Einheit auf und erfüllen das Doppelklischee der bösen Frau, die als jüngere schön, verführerisch, launisch und unwiderstehlich ist, als ältere intrigant, machtbewusst und listig; als Kombination sind beide unschlagbar" (Dorothee Sölle, 255).

Für religiös interessierte Frauen heute, die nach Ahninnen und Vorreiterinnen in der Bibel suchen, bieten Salome und ihre Mutter Herodias kein attraktives Vorbild. Eher erscheint es ärgerlich, dass die Bibel von intriganten Frauen zu erzählen weiß, deren Verhalten auch heute noch als abschreckendes Beispiel gegen Frauenmacht zitiert werden kann. Welchen Gewinn also können Frauen heute von der Beschäftigung mit ihnen haben? Und wie kommt es, dass sich Fraueninitiativen nach Salome benennen?

Die biblische Erzählung: Herodias und der Tanz ihrer Tochter

Etwas anders als diese modernen Männer-Fantasien stellen die biblischen Texte Herodias und ihre Tochter dar. Alle vier Evangelien wissen vom gewaltsamen Tod Johannes des Täufers (Lk 3,19f.; 9,7-9, Joh 3,24), doch von Herodias und ihrer Tochter erzählen nur Mk 6,14-29 und ihm folgend Mt 14,1-12.

Die Geschichte vom Tanz der Tochter der Herodias, die in der Bibel nie beim Namen genannt wird, ist offensichtlich eine Legende. Sie enthält märchenhafte Züge wie etwa den Schwur des Herodes, der unbedacht sein halbes Königreich verspricht. Auch die sofortige Enthauptung des Täufers und das Überbringen seines Kopfes können sich historisch so nicht zugetragen haben, lag doch sein Kerker in der Festung Machärus am Toten Meer gut 100 km vom galiläischen Festort Tiberias entfernt (vgl. Mk 6,21).

Wie jede Legende hat auch diese einen historischen Kern: Die Erinnerung an den gewaltsamen Tod des Täufers. Wie Jesus – und schon vor ihm – hat Johannes öffentlich gepredigt, zur Umkehr aufgerufen und getauft. Sein Ruf zur Buße machte gerade auch vor den Mächtigen nicht halt. Herodes Antipas, den Fürst von Galiläa und Peräa (4 v. Chr. – 34 n. Chr.), kritisierte er wegen Ehebruchs, weil dieser die Frau seines Bruders geheiratet hatte, obwohl der Bruder noch lebte (vgl. Mk 6,18). Wie Jesus erlitt auch Johannes wegen seines öffentlichen Auftretens, das die Herrschenden als Aufruhr werteten, einen gewaltsamen Tod.

Herodias
Zweimal tritt Herodias in der markinischen Erzählung in Erscheinung. Die Bußpredigt des Johannes gegen Antipas' unrechtmäßige Heirat mit ihr selbst ist ihr ein Dorn im Auge, und sie „grollte dem Täufer und wollte ihn töten und konnte es nicht" (Mk 6,19). Mörderischer Zorn und politische Ohnmacht paaren sich in

dieser Aussage. Obwohl Antipas vom Text insgesamt als unentschlossener Mann dargestellt wird, kann Herodias sich in ihrem Anliegen nicht gegen ihn durchsetzen. Erst der Zufall gibt ihr eine Chance: Nur weil der Tanz ihrer Tochter den König zu kopflosen Schwüren treibt und weil ihre Tochter den ihr freistehenden Wunsch an die Mutter weitergibt, kann diese sich schließlich ihren Wunsch erfüllen und den Kopf des Täufers verlangen.

Entgegen dem ursprünglichen Wortlaut schiebt die Einheitsübersetzung Herodias auch schon die Schuld an der Gefangennahme des Täufers in die Schuhe. Während der griechische Text nur sagt, dass es „wegen Herodias" geschah, „weil er sie geheiratet hatte", formuliert die Einheitsübersetzung: „Schuld daran war Herodias".

Anders als in zahlreichen Darstellungen der Kunst und Literatur erscheint Herodias im biblischen Text weder als mächtig noch als listig; die Durchsetzung ihres Interesses verdankt sie einer zufälligen günstigen Gelegenheit, der sie mit Hinterlist kaum hätte nachhelfen können.

Das Mädchen und ihr Tanz

„Mädchen" nennt der griechische Text die tanzende Tochter. Den gleichen Begriff finden wir auch in der Erzählung von der Tochter des Jairus, von der wir erfahren, dass sie zwölf Jahre alt ist. Älter wird auch die Tochter der Herodias nicht sein, denn mit dreizehn Jahren galt eine junge Frau als volljährig und heiratsfähig.

Spätere Traditionen haben die Tanzende mit der historischen Tochter der Herodias und des Herodes Boethos – Salome - identifiziert, die der jüdische Historiker Flavius Josephus in anderen Zusammenhängen erwähnt.

Was unsere Fantasien ebenso wie die moderne Literatur wortreich beschreiben, fasst das Markusevangelium kurz in einen Satz: „und hereingekommen und getanzt habend, gefiel sie Herodes und den mit zu Tische Liegenden". Der Schwerpunkt der Aussage liegt also auf dem Gefallen, während der Tanz selbst vom Text nur kurz gestreift wird. Nichts erfahren wir über Intrigen, die die beiden Frauen - die Tanzende und ihre Mutter - zuvor ausgesponnen hätten, nichts über reichen Putz und Schmuck, nichts über die Art des Tanzes, nichts über Erotik und Nacktheit. All dies entspringt erst der Fantasie der Lesenden, die sich das, was der Text nicht sagt, nach eigenem Gutdünken und eigenen Verdächtigungen ausmalen.

Ungeplant und unplanbar, als unbesonnene Reaktion auf den Tanz schwört der König, ihr zu geben, was sie will. Nun fragt das Mädchen seine Mutter, was es sich wünschen solle und erhält zur Antwort: Den Kopf des Täufers. Zur Botin zwischen Stiefvater und Mutter wird sie nun. Herodias Wunsch nach dem Kopf gibt sie als den ihrigen an Herodes weiter (V. 25), so wie sie später das Haupt des Täufers vom Henker in Empfang nimmt und es an die Mutter weitergibt (V. 28). Von Gefühlen der Tochter, sei es Hass oder Leidenschaft, spricht der Text nicht.

Es fällt schwer, sich das Mädchen und seinen Tanz dem Text gemäß vorzustellen. Einerseits dürfen wir uns keine erwachsene Frau mit selbstbestimmter Sexualität vorstellen, andererseits stand auch eine Zwölfjährige damals schon kurz vor der Heiratsfähigkeit und war daher innerhalb ihrer Gesellschaft nicht mehr das, was wir heute ein Kind nennen. Bei Gelagen bot der Gastgeber in der Antike Unterhaltung und Darbietungen. Tänze dienten tatsächlich dem erotischen Lustgewinn der männlichen Gäste, doch wäre es geschmacklos und peinlich gewesen, statt gewerblicher Tänzerinnen oder Sklavinnen die eigene Tochter auftreten zu lassen. Die unterschwellige, schwer einzuordnende erotische Einfärbung der Geschichte kann gerade Frauen als Leserinnen unangenehm berühren.

Der König Herodes Antipas

Gemessen an der Anzahl der Handlungen ist Herodes Antipas die Hauptperson des Textes. Schon vor Beginn der Gastmahl-Szene erfahren wir von seinen an Verfolgungswahn grenzenden Ängsten: Als er von Jesu öffentlichem Wirken hört, fürchtet er, dass Johannes der Täufer, den er hatte enthaupten lassen, von den Toten auferstanden sei (VV. 14-16). Herodes hatte den Täufer zwar festnehmen lassen, doch hinrichten lassen wollte er ihn - so die Darstellung des Markus - nicht. Markus schildert Herodes als einen zerrissenen Mann, der Johannes einerseits schätzt und sich gerne mit ihm unterhält, daraus andererseits aber keine Konsequenzen zieht: Weder kehrt er um und trennt sich von Herodias, noch lässt er den Täufer frei. Nicht Kaltblütigkeit und Bosheit, sondern Unbesonnenheit und Kopflosigkeit lassen Herodes gewissermaßen in die Situation „hineinschlittern". Noch einmal vergewissert uns der Text darüber, wie ungern Herodes seinen Schwur einlöst: Tief betrübt ist er, doch will er seinen Eid nicht brechen und lässt daher Johannes enthaupten (V. 26f.). - So jedenfalls der Text, der uns weit mehr über das Seelenleben des Herodes erzählt als über jede andere Figur dieser Geschichte.

Die historische Herodias
war nach Angaben des jüdischen Schriftstellers Josephus Flavius (ca. 37-100 n. Chr.) die Tochter des Aristobul und in erster Ehe die Frau des Herodes Boethos (beide Halbbrüder von Herodes Antipas), nicht aber - wie Mk 6,17 fälschlich annimmt - die Frau des Halbbruders Philippus (bei so vielen Heiraten innerhalb des Herodesclans überrascht eine solche Verwechslung nicht). Mit Philippus verheiratet war dagegen die historische Salome. Herodias war also die Nichte, Schwägerin und Frau des Herodes Antipas; Salome war seine Nichte und (spätere) Schwägerin.

Josephus Flavius verurteilt die Ehe des Herodes Antipas mit Herodias, doch sterben musste Johannes ihm zufolge, weil Antipas Angst hatte vor einem Volksaufruhr der Menschenmassen, die zur Taufe an den Jordan kamen.

Die Heirat des Antipas mit Herodias war politisch und persönlich folgenreich: Der Vater der nabatäischen Prinzessin, mit der Antipas in erster Ehe verheiratet war, führte einen Krieg gegen seinen Schwiegersohn, den nur das Eingreifen der Römer rettete. Als Antipas später vermessen genug ist, den Königstitel anzustreben - bis dahin war er nur „Vierfürst" - wurde er von Kaiser Caligula nach Gallien verbannt. Freiwillig ging Herodias mit ihrem Mann in die Verbannung, obwohl ihr eine bessere Alternative von ihrem Halbbruder angeboten wurde. Eine Entscheidung, durch die sie und ihre Ehe in einem positiveren Licht erscheinen, als die biblische Erzählung es vermuten lässt.

Wem nützt der Text?

Der Text entschuldigt Herodes. Obwohl Herodes natürlich Macht hat und Gewalt ausübt, obwohl er über Menschen Verfügungsgewalt hat, wird er nicht so sehr als kaltblütiger Herrscher, sondern als zweifelnder wankelmütiger Mann gezeichnet. Zwar erzählt das Markusevangelium weder von einem Komplott der beiden Frauen noch von einer absichtlichen Verführung des Herodes. Dennoch schiebt es ihnen ganz subtil die Verantwortung für den Tod des Täufers zu. Es lässt sie in einer politischen Entscheidung tätig erscheinen, die eigentlich von Herodes getroffen werden muss - und historisch tatsächlich von ihm getroffen worden ist. Damit bedient auch der Text selbst schon ein leidiges Klischee, das bis heute wirksam ist und gegen Frauen eingesetzt wird: Dass nämlich hinter einem mächtigen Mann immer noch mächtigere Frauen als heimliche Drahtzieherinnen steckten.

Erst auf den zweiten Blick zeigt sich, dass die Erzählung ehemals auch der unterdrückten Bevölkerung Galiläas nützte: Sie konnte ihrem Unmut über die dekadenten Machthaber mit dieser Anekdote Luft machen. Dass auch Frauen in diese unmoralische Geschichte verwickelt werden, spiegelt eine Realität: Zu den Bevölkerungsschichten, die mit ihrem maßlosen Lebensstil andere Menschen ausbeuten, gehören auch Frauen. Die Trennlinie zwischen gut und böse, ausbeuterisch und unterdrückt, ist nicht einfach identisch mit der Zugehörigkeit zu einem Geschlecht. Privilegierte Frauen sind in ein unterdrückerisches System eingebunden.

Was will der Text?

Warum hat Markus diese lange Märtyrererzählung über den Täufer in sein Evangelium über Jesus aufgenommen? Sein erstes Anliegen war es wahrscheinlich nicht, Herodes Antipas zu entschuldigen – obwohl es solche Entschuldigungstendenzen gegenüber Machthabern im NT durchaus auch gibt. Im Märtyrerschicksal des Täufers sieht Markus das Schicksal Jesu vorgezeichnet; die Erzählung vom Tod des Täufers soll die LeserInnen schon auf die Passion Jesu vorbereiten. Vor allem aber stellt Markus mit dieser Szene die „Ersten" des Landes, die feine Gesellschaft, die galiläische „High Society", in einem schlechten Licht dar: Ein schwacher und wankelmütiger Herrscher, unklare Machtverhältnisse und gleichermaßen geschmacklose wie unmoralische Festivitäten prägen das Leben am herodianischen Königshof. Wenige Kapitel später wird Jesus die Zwölf (!) mehrmals ermahnen, sie sollten sich nicht wie diese „Ersten" verhalten (Mk 9,35; 10,35-45).

Herodias und Salome in der Kunst:
Abbild von Männerängsten und Männerfantasien

Die im biblischen Text enthaltene Kritik an den Herrschenden und die Mahnung an die Zwölf sind im Laufe der Zeit in Vergessenheit geraten. Der Eindruck von Frauen als verführerischen mächtigen Drahtzieherinnen im Hintergrund hat sich dagegen verselbständigt und bestimmt bis heute das Bild von Herodias und ihrer Tochter. Was bewirken diese verzerrten Frauen-Bilder und welchen Interessen nützen sie?

Das Klischee der angeblich so machtvollen Frau im Hintergrund entschuldigt Männertaten und vertuscht reale Machtlosigkeiten von Frauen. Allenthalben taucht es auch heute noch auf, in Alltagsgesprächen etwa, wenn am schlechten Charakter eines erwachsenen Mannes seine angeblich dominante Ehefrau oder seine Mutter schuld sein soll. Oder wenn der Hinweis auf den immer noch geringen Anteil von Frauen in politischen Führungspositionen gekontert wird mit der Behauptung ach so einflussreicher Präsidentengattinnen.

Die eingangs zitierten pornographischen Darstellungen der Salome in Kunst und Literatur fielen um die Wende vom 19. zum 20. Jh. nicht einfach grundlos vom Himmel. Sie entstanden als Männerwerke in einer Zeit, in der das öffentliche Reden über Sexualität durch Sigmund Freud möglich und in einigen Gesellschaftsschichten sogar „schick" wurde. Vor allem aber war diese Zeit geprägt durch Frauenemanzipation und die erste Frauenbewegung: Frauen unterschiedlicher gesellschaftlicher Schichten setzten sich gemeinsam für die Durchsetzung von Frauenrechten ein; zahlreiche Frauenvereinigungen (auch kfd und KDFB) entstanden.

Viele künstlerische Darstellungen der Salome bilden neben unverhüllter Lust an der Erotik und der Projektion von Männertrieben auf Frauen auch die Angst von Männern vor starken Frauen, vor selbstbestimmter weiblicher Sexualität und vor der Emanzipationsbewegung ab.

Die zähmenden Wirkungen solcher Mythen: Die Lähmung von Frauenaktivitäten und die Spaltung von Frauenbewegungen

Doch die Bilder wirken auch auf Frauen: Herodias und Salome werden einerseits als politisch und sexuell aktiv und selbstbestimmt dargestellt, andererseits als unmoralisch, hinterhältig und mordlüstern. Für anständige Frauen werden sie so zum abschreckenden Beispiel. Subtil verbrämen diese Darstellungen das selbstbestimmt-aktive Verhalten von Frauen: Frauen sollten sich, so lautet die unterschwellige Doppelbotschaft, der selbstbestimmten Sexualität ebenso enthalten wie des schmutzigen Geschäfts der Politik – andernfalls gelten sie schnell als böse und machtgeil. Da mächtige Frauen anscheinend oft unanständig sind, müssen anständige Frauen wohl - so der Umkehrschluss - ohnmächtig und passiv sein. Indem politische Intrigen als typisch weibliches Handeln dargestellt werden, wird Frauen die Lust am und der Mut zum politischen Engagement genommen. Vor allem fühlen sich Frauen, die als anständig gelten wollen, dazu gedrängt, sich so deutlich wie möglich von den als „böse" titulierten Frauen zu distanzieren. Auf diese Weise treiben Frauen aus Angst vor gesellschaftlicher Ablehnung selbst einen Keil zwischen sich und ihre für Frauenrechte kämpfenden Schwestern.

Obwohl heute kaum mehr mit Herodias und Salome gegen die Frauenemanzipation argumentiert wird, wirken diese Botschaften fort. Immer noch werden starke Frauen - seien es Alice Schwarzer oder Margret Thatcher - als „Buh-Frauen" dargestellt, um die Masse der Frauen dazu zu bewegen, sich von ihnen zu distanzieren. Weit verbreitet ist dieses Phänomen: Sobald eine Frau eine Leitungsposition auch nur anstrebt, warnen Männer wie auch Frauen, dass sie bloß nicht so werden solle wie Margret Thatcher, so ein „Mannweib", so eine Ellenbogen-Politikerin. Wird je ein aufstrebender Mann in Politik und Wirtschaft davor gewarnt, „bloß nicht so zu werden wie George W. Bush"?

Wirkungsvolle Gegenmittel:
Mythen entzaubern – die eigenen Schattenseiten annehmen

Indem wir Frauen diese negativen Mythen über starke Frauen kritisch betrachten, finden wir die Schlüssel zu ihrer Ent-Zauberung. Die Mythen arbeiten mit unserem Wunsch, immer „gut" und „perfekt" zu sein und stets als anständig zu gelten.

Entzaubern können wir sie, wenn wir den Mut finden, vollständig zu sein statt vollkommen: Wenn wir ohne Angst die eigenen Schattenseiten und die als unmoralisch gewertete Lust an Erotik, Verführung und Aggression betrachten und als Teil von uns annehmen. Ebenso wie Männer sind auch Frauen nicht perfekt und immer nur gut; ebenso wie Männer haben auch starke und aktive Frauen Fehler und Schwächen. Und ebenso wie Männer dürfen sie die auch haben: Frau Thatcher muss nicht moralischer, lieber, weicher oder weniger machtorientiert sein als ihre männlichen Kollegen.

Entzaubern können wir die Mythen, wenn wir den Mut finden, unsere Ansichten und Taten mit unseren eigenen innern Maßstäben zu bewerten und wenn es uns gelingt, uns von den Beurteilungen anderer unabhängiger zu machen. Wenn es uns wichtiger ist, dass wir selbst unser Handeln richtig finden als dass andere es anständig nennen.

Entzaubern können wir sie schließlich, indem wir uns andere Frauen nicht als „Buh-Frauen" vorstellen lassen und indem wir der Aufforderung zur Distanzierung von ihnen nicht nachkommen. Wenn Fraueninitiativen wie Bauchtanzgruppen, Tanzschulen und eine Frauen-Jazz-Big-Band sich nach Salome benennen, so untergraben sie wirkungsvoll das negative Klischee, das ihr und ihrem Tanz anhaftet.

LITERATUR
Dannemann, I., Aus dem Rahmen fallen. Frauen im Markusevangelium. Eine feministische Re-Vision, Berlin 1996
Sölle, Dorothee (u.a.), Große Frauen der Bibel, Freiburg i.b., 1993

Bibelarbeit

Der kritische Blick auf die Art und Weise, wie ein Bild oder Text Frauen darstellt, lässt sich am besten durch Vergleiche schulen. Immer können Sie am Ende des Vergleichs fragen, wem die jeweiligen Darstellungen nützen, wen sie entschuldigen, wen sie beschuldigen und ob sie Frauen zähmen.

▷ Sammeln Sie vor der Arbeit mit dem biblischen Text die *Assoziationen* der Frauen zum Stichwort „Herodias" und „Salome".

▷ Nach einer gründlichen *Arbeit am Text* (Einfache Formen der Textarbeit finden sich S. 80-84 im Bd. 11 der Reihe FrauenBibelArbeit) können Sie die *Unterschiede zwischen den ersten Assoziation und der tatsächlichen Darstellung durch den biblischen Text* vergleichen.

▷ Aufschlussreich ist auch der *Vergleich verschiedener Bibelübersetzungen,* denn jede Übersetzung ist schon eine Interpretation. Kopieren Sie den Text aus verschiedenen Übersetzungen, etwa aus der Guten Nachricht, der Einheitsübersetzung bzw. Lutherübersetzung und dem urtextnahen Münchner NT und lassen Sie die Übersetzungen vergleichen.

▷ Vergleichen Sie die *Darstellung in Mk 6,17-29 mit der von Mt 14,3-12:* Wie werden Herodes, Herodias und ihre Tochter jeweils beschrieben? Wer tut jeweils was? (Hier hilft es, die Verben verschiedenfarbig – eine Farbe pro Figur – zu unterstreichen.) Wer reagiert wie auf wen? Besonders lohnend ist die Textarbeit, wenn Sie eine dem griechischen Text nahe Übersetzung wählen (Münchner NT; Übersetzung von Fridolin Stier).

▷ Mehr Spaß als die Arbeit allein mit Texten macht natürlich die *Arbeit mit Bildern:* Vergleichen Sie künstlerische Darstellungen der Herodias und Salome mit dem Bibeltext. Maler der Salome um die letzte Jahrhundertwende waren z.B. Gustave Moreau, Aubrey Beardsley, Lovis Corinth, Pablo Picasso. Bildmaterial findet sich im Internet (recherchieren in der Suchmaschine „Google/Bilder und auch bei Sölle, s. Literatur).

▷ „Böse sein": Besonders kreative Gruppen können sich Herodias und ihrer Tochter auch schauspielerisch nähern. Es macht Spaß, sich verführerisch zu kleiden, zu schminken, zu tanzen und ansonsten ungel(i)ebte Seiten einmal humorvoll und spielerisch auszuleben.

Marliese Walter

Das Strafgericht über die große Hure Babylon

Schritt-für-Schritt-Bibelarbeit zu Offb 17

Die folgenden Ausführungen geben ausführlichere Anleitung zu den einzelnen Schritten der Bibelarbeit als die anderen Gestaltungsvorschläge im Band und sind deshalb besonders geeignet für solche Leiter(innen), die wenig Zeit für die Vorbereitung oder wenig Praxis haben.

Ziel der Bibelarbeit

Entsprechend der mehrfach verwendeten symbolischen Siebenzahl im Text entlarven die Teilnehmerinnen in sieben Schritten das Blendwerk der „Verderberin". Die Teilnehmerinnen erkennen, dass:
- die Bibel nicht über „Hure" und „Prostitution" moralisiert, sondern mit diesen Bildern die Abkehr des Menschen von Gott, sein Buhlen um Macht, Herrschaft und Ansehen, die Verführung zum Götzendienst- hier den Kaiserkult- meint;
- die Überheblichkeit der Menschen, ihr Machtstreben, die Pervertierung der Ordnung Gottes abscheulich ist und kein gutes Ende nehmen;
- es heutzutage bei größerer Sensibilität für frauenfeindliche Bilder nicht einfach ist, mit diesen auch noch bedeutsame Wahrheiten in der Verkündigung zu transportieren;
- zum Text auch ein aktueller Bezug hergestellt werden kann: Wem und welchem Blendwerk huldigen wir, sind wir verfallen?

Vorbemerkung für die Leiterin

Die folgende Bibelarbeit ist nur sinnvoll, wenn die Teilnehmerinnen sich schon einmal mit der Offb des Johannes beschäftigt haben, wenn sie den Schreiber, die Art des Schreibens, die Adressaten und den „Sitz im Leben" schon ein wenig kennen. Oder die Leiterin kann den Teilnehmerinnen zu Beginn des Bibelabends folgende Informationen im Kurzreferat geben.

Grundlegendes zur „Geheimen Offenbarung"
Das letzte Buch der Bibel, vom Verfasser selbst „Apokalypse" oder „Offenba-

rung" genannt, entstand wohl gegen Ende der Regierungszeit des römischen Kaisers Domitian (81-96 n. Chr.). Es war eine Zeit der Repression gegen Christen, der Spannungen zwischen (juden-) christlichen Gemeinden und der hellenistisch-römischen Welt. Die tatsächlichen Verhältnisse waren wahrscheinlich nicht so krass, wie Johannes sie schildert, aber in der Überzeichnung wird manches deutlicher als in der Beschreibung des Ist-Zustandes. In der Offb wird eine extrem negative Einstellung des Johannes zum Römischen Imperium sichtbar. Das Schreiben richtet sich an die junge Kirche, Kap 2-3, an die Sieben Gemeinden der römischen Provinz Asien (die Sieben gilt in der damals vertrauten Zahlensymbolik auch für die Gesamtheit der Gemeinden). Johannes hat eher die Vorstellung von einer geschwisterlich- gleichwertigen als von einer hierarchisch aufgebauten Gemeinde. Auch die Adressaten buhlten um die Gunst der Hauptstadt Rom und des Kaisers, der sich als „Herr und Gott „ ansprechen und verehren ließ. Die Offb ist eine Schmähschrift, ein Pamphlet, Untergrundliteratur gegen Rom. Sie ist aber noch mehr ein Trost- und Mahnbuch, die einzige prophetische Schrift im NT.

Johannes will die christlichen Gemeinden stärken in der Auseinandersetzung zwischen dem Glauben an Christus und dem Kaiserkult. Neben allen Schreckensvisionen und Gerichtsankündigungen verheißt das Buch denen Trost und Rettung, die standhaft im Glauben bleiben (6,9-11; 7,4-17 und vor allem der Abschluss der Offb 21,1–22,5).

Der Schreiber – Judenchrist –, vielleicht ein einflussreicher Mann und Wanderprophet, nennt sich selbst „Knecht Johannes". Er ist nach der Bibelforschung nicht identisch mit Johannes dem Evangelisten. Die beiden unterscheiden sich in Theologie und Sprache wesentlich. Johannes kennt das AT und außerbiblische jüdische Apokalypsen gründlich. Er ist zu Hause in der allgemeinen Gedanken- und Vorstellungswelt seiner Zeit. Es scheint, dass Ez 1 und Dan 7 ihn besonders beeinflussten.

Den Auftrag, zu schreiben, bekam Johannes vom himmlischen Christus selbst in einer Vision (1,10-20), auf der armseligen Ägäisinsel Patmos. Dort lebte er, wie viele andere Leute der Oberschicht in der Verbannung (1,9), weil er sich vermutlich dem Kaiserkult verweigerte.

Johannes bedient sich nicht der allgemein verständlichen Sprache, sondern er verwendet vor allem Bilder, Symbole und allegorische Szenen, deren Deutung den damaligen Adressaten geläufig, den zeitgenössischen Machthabern wohl weitgehend fremd war, und uns heutigen Menschen erst recht befremdlich ist. Der Schreiber will den bevorstehenden Triumph der Herrschaft Gottes und den Anfang vom Ende menschlicher Herrschaft künden. Der endgültige Sieg Gottes hat für ihn bereits mit der Auferstehung Jesu begonnen. Er will die junge Kirche im unerschütterlichen Glauben an den Sieg Christi und in der Bereitschaft, für diesen Glauben auch zu sterben, bestärken.

Bibelarbeit

Vorschlag für den Ablauf einer Bibelarbeit für ca. 2–4 Stunden

■ 1. Aufgabe der Leiterin, bevor die TN eintreffen: Mitte gestalten.

▷ Soweit vorhanden, einen schönen, runden Teppich legen. Darauf wird eine Stadt aus Holzklötzchen gebaut. Der Reichtum der Stadt wird mit Gold- und Silberfolien, mit Murmeln, schönen Steinen, Glitzertüchern, etc. angedeutet. Der Phantasie sind keine Grenzen gesetzt. Vielleicht werden auch die sieben Hügel Roms gestaltet. Außerhalb der Stadtmauern liegen, stehen, sitzen die Ausgegrenzten, die Bettler, die Kranken, die Armen, die Fremden, die Kinder, die Alten, etc.; entweder als Bilder gemalt und/oder ausgeschnitten oder evtl. mit Egli- Figuren gestellt.

■ 2. Begrüßung und Einleitung

Mit dem Text Offb 17,1-7 wagen wir uns heue an schwere biblische Kost. Die Bilderwelt der damaligen Zeit ist uns weitgehend fremd geworden. Dennoch kann dieser Text – wenn er aufgeschlüsselt wird, uns Heutigen wie den Adressaten damals lebenswichtige Wahrheiten vermitteln. Der Seher Johannes, der Verfasser, nimmt mit uns die „Hure Babylon" in den Blick. Er benutzt ein Frauenbild, nämlich das der Hure, um die Weltmacht Rom , ihre Machtgier, ihre Korruption, den übermäßigen Reichtum und die Menschenverachtung dieses Herrschaftssystems zu zeichnen. Die Hure ist aufs trefflichste herausgeputzt und lebt vom Blut der christlichen Zeugen. Johannes sieht aber schon: Die Großmacht Rom wird eines Tages genauso untergehen wie Babylon untergegangen ist (Offb18).

Johannes benutzt für Rom den Decknamen „Babylon". Babylon war einmal auf der Landkarte des babylonischen Reiches das Zentrum der Erdscheibe. Es lag beiderseits des Euphrat im Zweistromland Mesopotamien. Gegen Ende des 3. Jahrtausends v. Chr. ist es erstmals erwähnt, aber als unbedeutende Kleinstadt. Im Laufe seiner Geschichte, vom 2. Jahrtausend v. Chr. bis zu Alexander d. Gr. wurde Babylon zu einem kulturellen Zentrum der gesamten vorderasiatischen Welt. Seine größte Blüte erlebte es unter Hammurapi um 1700 v. Chr und von 614-550 v. Chr. Der Stadtgott Marduk war der Götterkönig. Verschiedene antike Schriftsteller - u.a. Herodot - beschreiben die Pracht und den Reichtum der Stadt, die durch Grabungsfunde der Dt. Orientalischen Gesellschaft zwischen 1899-1917 belegt sind.

Zur Zeit des Johannes ist Babylon längst ein unbedeutendes Städtchen. Die Menschen im 1. Jh. nach Christus erinnern sich aber noch gut an den Erzfeind Israels und Judas, an die Verschleppung ihrer Vorfahren ins Exil. Und die Hörer und Leser des Johannes kennen Babylon aus dem AT als das Sinnbild für Gottfeindlichkeit. Sie verstehen den Decknamen „Babylon" für Rom sehr wohl.

„Bab-ilu", das übersetzt „Tor Gottes" heißt, ist zu einer endzeitlichen, widergöttlichen Macht verkommen. Rom wird zu eben dieser Zeit auch als Inbegriff einer dämonischen Macht verstanden. Zum Römischen Imperium mit seinen Provinzen gehörten am Ende des 1. Jh. die Länder rund ums Mittelmeer. Die Grenzen verliefen an Rhein und Elbe, Donau und Euphrat, im Westen am Ozean und in Afrika entlang der Wüste. An dieser Stelle kann auch eine Landkarte über die Ausdehnung des Römischen Reiches gezeigt werden, um eine Vorstellung von der Macht des Imperiums zu vermitteln.

▨ 3. Textarbeit

▷ Um sich dem Frauenbild, das Johannes schaut, anzunähern, lässt die Leiterin den Bibeltext *Offb 17,1-7* zwei Mal langsam still lesen oder vorlesen. Die TN lesen aus ihrer Bibel.
▷ Die TN betrachten ein *Bild aus der Bamberger Apokalypse* „Die Hure Babylon"

Die „Hure Babylon" aus der Bamberger Apokalypse, einer Prachthandschrift aus dem frühen 11. Jahrhundert.

▷ Die TN äußern, was sie wahrnehmen, was ihnen auffällt, woran sie hängen bleiben, was sie vielleicht schon deuten können. Sie tragen mündlich zusammen, wie diese Frau beschrieben ist. Oder sie wiederholen gehörte Worte und Satzteile der gelesenen Bibelstelle, damit der Inhalt des Textes gut präsent ist.

▷ Die TN befassen sich mit der *Symbolik der Bilder im Bibeltext:* mit „Babylon/Rom" (s. Einleitung) und „Frau/Stadt", den „gotteslästerlichen Namen" (Titel römischer Kaiser, wie „Herr und Gott"; Hinweis auf den Kaiserkult) mit dem „Tier" (vgl. Offb13,1-3) das „7 Köpfe" (die sieben Hügel Roms, aber auch alle Kaiser Roms; sieben = Zahl für alle) und „zehn Hörner" (zehn ist ebenfalls die Zahl für alle; Hörner sind Zeichen der Macht und Kraft) trägt, mit „Purpur" (eine solche Kostbarkeit, dass er nur Herrschern und Priestern vorbehalten war, Macht, Würde, bei den Römern stand er für Luxus und Wohlhabenheit), „Scharlach" (rot, ambivalent, Liebe, Blut, Opfer, Feuer, Leidenschaft, Macht, Krieg, böse und zerstörerisch),Gold, (edelstes Metall, Sinnbild der Vollkommenheit, Unveränderlichkeit, Ewigkeit, der Liebe, des himmlischen Lichtes; negativ: Inbegriff aller irdischen Güter, Geld), „Edelsteinen" (Kostbarkeit, himmlisches Licht auf Erden, Wahrheit) , „Perlen" (weibliches Symbol, Unsterblichkeit, Liebe, Vollkommenheit, Tränen, für Kind im Mutterschoß) und „goldenem Becher" (Freundschaft, Verbundenheit; ambivalent, als Zornesbecher = göttliches Strafgericht; als Segensbecher = Gottesnähe).

Leiterinneninformation: Das Bild einer Stadt als Frau hat Johannes nicht erfunden. Es ist ein in seiner Zeit übliches. Wir kennen es in der Bibel auch von den alttestamentlichen Propheten; z. B. in Hos 1-3; Jes 1,21; Ez 16,15-17 geißeln sie im Bild der Hure den inneren Zerfall der Stadt, des Volkes, ihre Abkehr von Gott.

Bei Deutero- und Tritojesaja (ab Kap. 40 im Jesajabuch) können wir das Bild der Frau in allen Rollen finden: Zion kann Braut (49,18; 61,10; 62,4), kann Ehefrau (54,5), Mutter 49,20ff.) 66,8ff.) und von ihrem Ehemann Verlassene (49,14; 50,1; 54,6; 62,4), Kinderlose und Unfruchtbare (49,20f.; 54,1), ja sogar Geschiedene (50,1) und unversorgte Witwe (54,4) sein.

Wenn „Frau" in Bibeltexten für widergöttliche Macht, für Verkommenheit und ähnliches stehen kann, so hat das Auswirkung auf das Selbstbild von manchen heutigen Frauen. Spätestens hier wird deutlich, dass die Texte auf ihrem sozialen, kulturellen und historischen Hintergrund zu lesen sind.

▷ Im weiterführenden *Bibeltext Offb17, 8-18* deutet der Engel die Bilder, die Johannes schaut. Der Text wird laut vorgelesen.

▷ Die Teilnehmerinnen tragen die Symbolbegriffe in ein Arbeitsblatt, auf dem die Umrisse der Hure Babylon gezeichnet sind, ein.

4. Heutiges und biblisches Verständnis von Hurerei und Prostitution im Dialog

▷ Die Frauen schreiben Assoziationen und Begriffe, die ihnen zu Hurerei und Prostitution einfallen, auf ein Plakat. Die gesammelten Worte werden besprochen.

▷ Bei Zeitknappheit können die folgenden Erklärungen ausgelassen werden: Die Leiterin erklärt die Unterschiede der Worte „Hure und Prostituierte" in der ursprünglichen Bedeutung:

Das Wort „Hure" aus dem mhd. „huore", ahd. "huora" meint zunächst den außerehelichen Beischlaf oder Ehebruch, und nicht zuerst - wie wir es heute hören - die Frau, die solches treibt. Das Verb „huren" entstand aus ahd. „huoron" und seit dem 15. Jh. kennen wir das Substantiv „Hurerei"

Es ist schon bedenkenswert, dass der Tatbestand des Ehebruchs, also das Wort „Hure" zur Bezeichnung dieses Frauenbildes wurde. Von „Hurer", dem männlichen Gegenüber, ist in keinem Lexikon oder Wörterbuch die Rede. Auffallend ist auch, dass das Wort Ehebruch männlich ist. Und in der Bibel ist vorwiegend von Männern die Rede, wenn es um Ehebruch geht. „Dirne", hat sich erst im 16. Jh im deutschen und niederländischen Sprachgebrauch von „Mädchen oder Jungfrau" zur „Hure" gewandelt. Es wäre interessant nachzufragen, was in der jeweiligen Zeit geschah, dass sich Wortbedeutungen so veränderten. Doch, das würde den Rahmen dieser Bibelarbeit sprengen.

„Pro-stituere" bedeutet: sich bloßstellen, sich öffentlich entehren, sich gewerbsmäßig zur Unzucht anbieten, also käuflich sein.

▷ Die TN erarbeiten sich das *biblische Verständnis von Hurerei in Partnerinnenarbeit,* im besonderen das der Offb des Johannes . Sie wählen dabei einige wenige Stellen aus den folgenden aus, die die Leiterin auf Karten geschrieben/gedruckt hat. Sie schlagen eventuell auch Bibelstellen nach und tragen auf ihre Karte ein, was dort mit Hurerei gemeint ist.
• Die TN werden herausfinden, dass das AT u.a. kultische Prostitution kennt, z.B.: Num 25,1.2; Jer 3,2; Hos 4,14; vgl. Gen 38,15;
• dass Prostitution in Israel bekannt war, z.B.: Ri 16,1; 1 Kön 3,16; Dtn 23,19; Jes 1,21; Ez 16,30.31-35; 23,43.44; Hos 1,2; 4,12.15;
• dass es Verbote der Hurerei gibt, z.B.: Lev 19,29; 21,7.9.14; Dtn 13,7ff.; 23,18;
• dass das NT jede Hurerei verbietet, z.B.: 1 Kor 6,9.13-20; Eph 5,3.5; 1 Thess 4,3; Hebr 13,4; Offb 14,8; 19,2.
Die Ergebnisse werden zunächst verglichen mit den Assoziationen, die auf dem Plakat gesammelt wurden. Die Frauen legen die Ergebnisse nun in einen schö-

nen (goldenen) Becher oder heften sie an einen gemalten Becher. Den „abscheulichen Schmutz der Hurerei" stellen sie dann in die in der Mitte gestaltete Stadt.

▷ Die TN betrachten das *Gegenbild zur Hure Babylon, die gebärende Frau*, die vor dem Drachen flieht, *Offb 12,1-6*. Eine Gruppe benennt die Eigenschaften und Tätigkeiten der Hure in Offb 17, die zweite Gruppe verfährt mit dem Text Offb 12, 1-6 ebenso. Auf einem Plakat werden die Ergebnisse in einer Gegenüberstellung festgehalten. Sie könnte so aussehen.

Offb 17	Offb 12
Hure	Frau
Mutter aller Huren, zerstört Leben	Mutter, die gebiert, beginnendes Leben
Karikatur, Selbstentfremdung	Selbstwerdung, wahres Ich
untreu	treu
mit Edelsteinen, Perlen, Purpur, Gold	mit Sonne, Mond und Sternen
Stadt	Wüste
betrunken vom Blut der Zeugen	schreit vor Schmerzen
lebt vom Blut der anderen	schenkt Leben
wird von (Un-) Tier getragen	vom Drachen verfolgt
schafft sich ihre eigene Welt	Gott gibt ihr Zuflucht, nährt sie

Johannes stellt die Treue und Untreue zu Gott als einen weiblichen Gegensatz zwischen den Rollen von Mutter und Hure dar. Es sind extreme Bilder

Die folgende kleine Reflexion kann ausgelassen werden.
Zwischenbilanz: Ist die „Hure Babylon" nun eine böse Frau oder nicht?
Schauen wir uns einmal an, was „böse" ursprünglich bedeutet. Ahd. „bosi" = hinfällig, nichtig, gering, schlecht, schlimm, wertlos; es ist eng verwandt mit „Beule", also meint es auch aufgeblasen, stolz, heftig geschwollen. Das ahd. „boson" meint „gotteslästerlich reden". In diesem Sinne ist die „Hure Babylon „ eine böse, eine aufgeblasene, stolze Frau. Nicht das Frauenbild Hure ist an sich schon böse. Und Johannes ist nicht in erster Linie frauenfeindlich, weil er dieses Frauenbild benutzt. Er bewegt sich einfach in der gängigen Gedanken – und Bilderwelt seiner Zeit. Fatal sind die Auswirkungen ihres Tuns. Sie stellen die Heilsordnung, den Schöpfungsplan Gottes auf den Kopf. Aus dem Bild von Gott wird ein Zerrbild und ein Zerrbild von Liebe. In ihrer Gier nach immer mehr, in ihrer Sucht und Maßlosigkeit – sie frisst und säuft das Leben anderer auf – verdirbt sie die Beziehungen zu Gott und den Mitmenschen. Die Hure erlebt momentanen Genuss mit bitterem Nachgeschmack. In ihrer Ausstattung ist sie wie ein kostbares Parfum, das die innere Fäulnis, den inneren Gestank überduftet.

■ 5. das Erarbeitete weiterführen in der Gestaltung der Mitte

▷ In einer letzten, kreativen Phase gestalten die Frauen ein Gegenbild zu Babylon. Dabei kann sichtbar gemacht werden, was gut ist für die „Stadt", für die Wohnorte der Menschen, aber auch, welchem Blendwerk sie huldigen.

▷ Die Gruppe baut die gestaltete Mitte dabei gemeinsam um. Der „Schmutz der Hurerei" wird entfernt. Symbole (wie Sonne, Kerze, Bilder, Blumen, Figuren usw.) versinnbildlichen, dass diese Stadt wieder zum „Tor Gottes" wird und er die Mitte ihres Lebens sein will.

Die Leiterin stellt für diese Aufgabe große Plakate oder Packpapierrolle, Farben, Scheren, alte Zeitschriften, Kleber, Lineal und dergleichen zur Verfügung.

▷ Zum Abschluss wird das *Lied GL 642 „Eine große Stadt ersteht"* gesungen oder das *„Gebet eines Klosters am Rande der Stadt"* vorgetragen.

„Jemand muss zu Hause sein, Herr, wenn du kommst.
Jemand muss dich erwarten, oben auf dem Berg vor der Stadt.
Jemand muss nach dir Ausschau halten Tag und Nacht.
Wer weiß denn, wann du kommst.
Jemand muss wachen unten an der Brücke, um deine Ankunft zu melden, Herr, du kommst ja doch in der Nacht wie ein Dieb.
Wachen ist unser Dienst, wachen, auch für die Welt, sie ist so leichtsinnig, läuft draußen herum und nachts ist sie auch nicht zu Hause.
Denkt sie daran, dass du kommst? Dass du ihr Herr bist und sicher kommst?
Herr, jemand muss dich aushalten, dich ertagen, ohne davonzulaufen.
Deine Abwesenheit aushalten, ohne an deinem Kommen zu zweifeln.
Dein Schweigen aushalten und trotzdem singen.
Dein Leiden, deinen Tod mit aushalten und daraus leben.
Das muss immer jemand tun mit allen anderen. Und für sie.
Und jemand muss singen, Herr, wenn du kommst, das ist unser Dienst:
Dich kommen sehen und singen.
Weil du Gott bist. Weil du die großen Werke tust, die keiner wirkt als du.
Und weil du herrlich bist und wunderbar wie keiner."

Silja Walter

© Kloster Fahr, CH-8103 Unterengstingen. Schwester M. Hedwig OSB

LITERATUR
Halbfass, Hubert, Die Bibel erschlossen und kommentiert, Düsseldorf, Patmos-Verlag 2001
Drewermann, Eugen, Tiefenpsychologie und Exegese, Band II, Freiburg, Walter-Verlag
Visionen, Lese- und Arbeitsbuch, Bibel im Jahr 1995, Kath. Bibelwerk Stuttgart
Gottes lebendige Bilder, Texte zur Bibel 15, Aussaat- und Schriftenmissions- Verlag GmbH, Neukirchen-Vluyn
Babylon. Heft 3 der Zeitschrift „Welt und Umwelt der Bibel, Kath. Bibelwerk 2005.

Angelika Gassner

Begegnung Jesu mit der Frau, die ihm so viel Liebe zeigt

Bibelarbeit zu Lk 7,36-50

Du Böse du!

Erzogen wurde ich, brav und angepasst zu sein, den Regeln der Eltern und der umgebenden Gesellschaft zu gehorchen, ja nicht aus der Reihe zu tanzen oder eigene Ideen zu entwickeln. Tief in mir drinnen ist immer noch diese Norm: Ich darf nicht böse sein! Böse Frauen werden ausgeschlossen, auf sie zeigt man mit dem anklagenden Finger, sie dienen als Schreckgespenst. Vor kurzem bin ich aufgewacht und versuche nun das Wort „böse" mit „authentisch", „widerständig" oder „individuell" zu ersetzen. Um eine solche Frau, die sehr authentisch ist, geht es bei der „Sünderin", die einerseits so etikettiert wird vom Pharisäer Simon und den meisten Exegeten, andererseits von Jesus als die „große Liebende" gesehen wird.

Biblischer Text – Umfeld

Unmittelbar vor der Begegnung mit der Sünderin wird Jesus von Johannes dem Täufer nach seiner eigenen Identität gefragt. „Bist du der, der kommen soll, oder müssen wir auf einen andern warten?" möchte er in Lk 7,19 wissen. Jesus antwortet mit seinen Taten: „Blinde sehen wieder, Lahme gehen, und Aussätzige werden rein; Taube hören, Tote stehen auf, und den Armen wird das Evangelium verkündet. (Lk 7,23; vgl. Jes 26,19; 29,18). Jesus zeigt sich vom Profil her als einer, der handelt, rettet und heilt. Eine andere, überraschende Komponente fügt er hinzu: „Der Menschensohn ist gekommen, er isst und trinkt; darauf sagt ihr: Dieser Fresser und Säufer, dieser Freund der Zöllner und Sünder! Und doch hat die Weisheit durch alle ihre Kinder recht bekommen." (Lk 7,34-35) Im Anschluss an diese Rechtfertigung seiner Sendung und der Klarstellung seiner Zielrichtung erzählt Lukas ein konkretes Beispiel des Verhaltens des „Freundes der Sünder": die Begegnung mit der Sünderin, die Jesus liebevoll salbt und der er ihre Sünden vergibt.

Vom Kontext der Geschichte her wird deutlich: Menschen neigen dazu, ihr festes Bild von anderen zu machen und sie mit einem bestimmten Etikett zu belegen. Aus den Worten Jesu kann man/frau entnehmen: Es passt jenen, die einen typisieren und in eine bestimmte Schublade stecken, nie, wie man/frau wirklich ist. Sie halten an ihren einseitigen und plakativen Bildern fest.

Wer ist die Sünderin?

Der biblische Text führt uns in eine Szene hinein, in der eine Salbende als Sünderin, die in der Stadt lebt, vorgestellt wird. Viele Menschen meinen gleich zu wissen, was das für eine Frau ist. Sie muss stadtbekannt sein. Genau das aber sagt der Text nicht. Die Aussagen des Textes jedenfalls verleiten viele dazu, die Frau als Dirne zu sehen. Dies kann der Fall gewesen sein, es gäbe aber auch andere Möglichkeiten. Gesündigt kann auf mancherlei Art und Weise werden, auch durch Umgang mit Sündern z.B.

„Sündigen" stellten sich Gläubige in biblischer Zeit so vor: Ein sündiger Menschen ist „fehl gegangen", hat sein göttliches Ziel „verfehlt". Diese Verfehlung gegen Gott kann mit „Auflehnung", „Rebellion" übersetzt werden, kann aber auch ein „pflichtvergessenes Handeln" oder das „Widerspenstig-Sein" bedeuten. Sünde kann wissentlich, aber auch ungewollt geschehen. Im Judentum, besonders bei den Pharisäern, war das Übertreten eines Gebotes der Tora bereits eine Sünde. Es benötigte also nicht unbedingt das Ausmaß eines Ehebruchs, um als Sünderin abgestempelt zu werden. Es genügte, eine Krankheit zu haben, die als Strafe Gottes gedeutet wurde und die einen Menschen kultisch unrein machte. All das könnte sich auch auf die „böse Sünderin" beziehen.

Angenommen sie war eine Prostituierte, dann könnten viele Männer, vielleicht auch Anwesende, ihre Dienste in Anspruch genommen haben. Sich von ihr berühren zu lassen, macht unrein, schließt von kultischen Riten aus. Jesus sollte das wissen und sich von ihr nicht berühren, also verunreinigen lassen, denkt Simon, der Gastgeber.

Nun lebt Jesus aber eine andere Spiritualität. Er sucht die Gesellschaft von jenen Menschen, die am Rand der Gesellschaft sind: Witwen und Waisen, Aussätzige, Kranke, Sünder, Zöllner, Andersgläubige, Ehebrecherinnen und andere, die allein und ausgestoßen ihr Dasein fristen. Er verurteilt nicht, er ist offen für ihre Nöte. Er weiß um ihre Existenzängste, ihre Ausweglosigkeit.

Frauen, die keine Ehe eingegangen oder verwitwet waren, die nicht durch ihre erweiterte Familie aufgenommen und unterhalten wurden, waren zum Teil gezwungen, ihren Körper einzusetzen, um sich und ihre Kinder zu ernähren. Zur Dirne zu werden war die Konsequenz aus Not und fehlender sozialer Absicherung und war ganz bestimmt keine freie Entscheidung, schon gar nicht aus Liebe. Das Volk Israel unter der römischen Herrschaft fühlte sich bedrängt, und seine Frauen waren doppelt davon betroffen, denn sie wurden vielfach zu Leibeigenen durch Verarmung. Viele Frauen wurden als Sklavinnen gehalten und gehörten so ihrem Besitzer, der auch sexuell mit ihnen tun und lassen konnte, was ihm beliebte.

Der Text erzählt, die Frau habe von Jesus gehört. Vieles gab es wohl, das von ihm erzählt wurde. Er hatte viele Kranke geheilt und sogar Todkranken wieder das Leben geschenkt. Vielleicht hatte die Frau geglaubt, dass er auch sie heilen könne. Oder sie ist ihm bereits begegnet, hat in dieser Begegnung schon Befreiung von einer existentiellen Last erfahren. So können wir auf zweierlei schließen: Entweder war sie so traurig über ihr Schicksal, ihre Not, dass sie weinend auf ihn zu trat. Oder sie weinte vor Freude über ihr schon zuvor widerfahrenes Heil. Ihre Tränen fielen auf Jesu Füße, reinigten diese. Sie trocknete sie mit ihrem Haar, und sie küsste und salbte sie. Sie gab alles an Liebe, was ihr eigen war. In dieser wortlosen und doch vielsagenden Liebesbezeugung zeigt sie sich ganz authentisch, bringt sich ein mit ihrem ganzen Sein. Sie erfährt dafür die Vergebung ihrer Sünden. Sie wird befreit von ihrer Last und gelobt für ihren Glauben. Ihr bislang verletztes Leben wird mit Jesu Hilfe geheilt und neu gestaltet. So kann sie nun in Frieden gehen. Aufgrund der folgenden Erzählung, dass viele von Jesus geheilte Frauen sich ihm anschlossen, ist es denkbar, dass auch sie mit ihm zog.

Das Salben

Salben, Öle und Räucherungen hatten einen hohen Stellenwert im Orient. Der Duft der Frauen zog Könige an. In der Welt der Düfte konnte untergetaucht und sinnlich gebadet werden. Sie wurden eingesetzt zu verführen. Im Buch Ester erfahren wir davon, dass der König aus den schönsten Frauen seines Landes eine neue Königin aussuchen möchte. Zu diesem Zwecke werden die Schönen monatelang in kostbaren Düften gebadet, mit wohlriechenden Salben eingesalbt. Ihre Schönheit wird gepflegt und gehegt, bis die Schönste, hier die Jüdin Ester, zur neuen Königin auserkoren wird. Im Hohenlied des Ersten Testaments duftet es nur so von Sinnlichkeit, viele Pflanzen und Öle tauchen hier namentlich auf und unterstützen das Liebesspiel. "Solange der König an seiner Tafel saß, gab meine Narde ihren Duft" (Hld 1,12). Besondere Bedeutung hatte die Salbung bei der Schmückung der Braut zur Hochzeit (Hld 1,3; 4,10).

Der Körperkult war groß. Neben der Schönheitsindustrie wurden Salben aber auch medizinisch und kultisch eingesetzt. So war ihre Heilkraft bekannt und ihre Reinigungskraft geschätzt. Die verschiedenen Öle stammten aus der Umgebung, aber auch aus großer Entfernung. Auf den Handelsstraßen wurden die wertvollen Öle herbeigeführt. Wer es sich leisten konnte, konnte vielerlei Köstlichkeiten erwerben. Das Nardenöl, das namentlich bei Markus und Johannes erwähnt wird, war eine solche Kostbarkeit. Es stammte aus dem Himalaja, und ein Gefäß voll kostete den Jahreslohn eines gewöhnlichen Landarbeiters. Der Einsatz war teuer und daher besonderen Anlässen, zumeist kultischen Riten, wie der Tempelräucherung, vorbehalten. Beim Einmassieren reichen aufgrund der öligen Essenz wenige Tropfen. Ein ganzes Gefäß zu verwenden, mutet als Verschwendung an. Es dennoch zu tun, zeigt völlige Hingabe und weist auf den Wert dessen hin, dem diese Zuwendung gilt.

Die Narde gehört der Familie der Baldriangewächse an. Ihre Wirkung ist beruhigend, sie erdet, sie schützt. Sie gilt auch als mit starker mystischer Kraft ausgestattet. Man verwendete das Nardenöl zur Salbung von Königen und von Verstorbenen (Joh 12,3). Der geheimnisvolle und herbe Duft der Narde hat eine starke Wirkung auf unser vegetatives Nervensystem. Bei allen Arten von Unruhe, Angstgefühlen, auch bei nervösen Schlafstörungen und Stressbelastungen kann die Narde tiefgehend beruhigen, erden und ausgleichen.

Weitere Informationen zu Salbung: FrauenBibelArbeit Bd. 13,39.

Verschiedene Perspektiven einer Begegnung

Der Erzähltext Lk 7,36-50 nähert sich der Frau und ihrem Tun von verschiedenen Perspektiven her. Wir tun dies im folgenden in der Reihenfolge des Textes:

Die Perspektive der Frau
Sie tritt ungeladen in die Mitte der Männergesellschaft, bricht jedes Tabu und jede Etikette und wirft sich dem bei Tisch liegenden Jesus, dem Ehrengast, zu Füßen. Nicht nur das: Sie weint und macht auf sich aufmerksam durch ihre ungehörige Tat. Sie löst ihr Haar - auch das ist unerlaubt - und trocknet seine Füße. Sie massiert das wohlriechende Öl in seine Haut ein, sie berührt dabei Jesus sehr persönlich und zärtlich an einem Körperteil, der sonst nicht in der Öffentlichkeit berührt wird. Sie tut es im Beisein aller geladener, männlicher Gäste. Es ist offensichtlich – sie liebt, sie glaubt, sie rührt Jesus an bis ins Innerste. Sie setzt sich dabei völlig aus, gibt sich hin – hinein in Jesu Barmherzigkeit.

Die Perspektive Jesu
Wir erfahren Jesu Sichtweise großenteils indirekt über seinen Dialog mit Simon und nur zum geringen Teil aus direkt an die Frau gerichteten Worten.
  Jesus wird überrascht durch die emotionale Zuneigung der Frau. Er erfährt eine ganzheitliche, eine intensiv körperlich Zuwendung. Hier neigt sich ihm eine Frau entgegen, gibt sich in seine Hände, in seine Urteilskraft, in seine heilende Nähe. Er nimmt sie wahr in ihrer Aussagekraft, in ihrer Glaubenskraft, in ihrem Mut, der ihrer Not entspringt. Und in ihrer Liebe, die sie zeigt. Er nimmt sie auf in seinen Heilsraum, und er befreit sie zu neuem Leben. Vor den Augen aller schützt und lobt er sie. Zum Schluss spricht er sie direkt an: „Deine Sünden sind dir vergeben." (Lk 7,48). Friede soll in ihr einkehren, die Angst, die Schuld soll der Freiheit, dem Heil Platz machen. Und er entlässt sie: „Dein Glaube hat dir geholfen. Geh in Frieden!" (Lk 7,50). Er entlässt sie in ihre Selbständigkeit, in ein neues Selbstbewusstsein. Sie hat durch ihre Tatkraft, durch ihre Eigeninitiative, ihren Glauben das Wunder der Befreiung bewirkt. Jetzt ist Frieden angesagt, ein Friede, der sich über ihr ganzes Sein ausbreiten kann, wenn sie die Wirkung in sich ausleben darf.
  Zwei Menschen begegnen sich vor den Augen der kritischen Öffentlichkeit, auf dem Hintergrund von durchbrochenen Tabus und über den Haufen geworfener

Regeln. In dem Zwischenraum der gegenseitigen Berührung entsteht ein Begegnungsraum, der beide ermächtigt: Jesus wird gesalbt und so gewürdigt und bestätigt als der Messias bzw. der Christus, der Gesalbte durch ihre Tat und ihren Glauben. Und sie wird von ihrer Vergangenheit und der damit verbundenen Last befreit. Zwei Menschen finden sich für einen Moment, der ihre Geschichte und ihre Empfindungen vereint. Hier geschieht Gottesbegegnung und Menschenbegegnung, die zu Frieden führt - mitten in einer Gesellschaft, die urteilt, verurteilt und verstößt.

Die Perspektive Simons, des Pharisäers

Einer, der sein festgesetztes Urteil nicht verhehlt, ist der Gastgeber Simon, der Pharisäer. Die Pharisäer waren eine jüdische Laienbewegung, deren Name übersetzt „Ausgesonderte" bedeutet. Dieser Gruppierung gehörten Menschen aus verschiedenen Berufsständen, besonders aber auch viele Gesetzeslehrer an. Sie hielten sich streng - manchmal auch unnachgiebig - an die 613 Gebote und Verbote, besonders an die Reinheitsgesetze. Sie waren überzeugt, dass das Gottesvolk nur dann gerettet werden könne, wenn durchgehend alle Gesetze Gottes eingehalten werden. Diese Einstellung wurde von Jesus in manchen Streitgesprächen in Fragegestellt. Dennoch: Jesus hatte viele Anhänger und Freunde unter den Pharisäern.

Zu beachten ist jedoch bei den öfters vorhandenen kritischen bis abfälligen Pharisäer-Darstellungen des Neuen Testaments, dass die kritischen Stellungnahmen selten dem historischen Jesus zuzuschreiben sind, sondern vielmehr oft die Auseinandersetzungen zwischen verschiedenen Lagern in den christlichen Urgemeinden wiederspiegeln. Nach der Zerstörung Jerusalems im Jahr 70 n. Chr. fühlten sie sich durch Einhaltung der Gesetze besonders für den Erhalt des Glaubens verantwortlich.

Simon, der Pharisäer, denkt ganz in fest geprägten Strukturen. Er „weiß", was das für eine Frau ist, und „weiß", wie sich ein Prophet zu verhalten hat, und er erwartet von Jesus, dass er es genauso „weiß" und selbstverständlich danach handelt. Das würde bedeuten, dass Jesus sich nicht mit ihr einlässt und schon gar nicht von ihr berühren lässt. Aber Simon muss erfahren: Jesus denkt und fühlt anders. Simon wird Zeuge einer Tat, die er in seinem Denksystem nur ablehnen kann. Jesus fällt bei ihm unten durch, er erreicht die Messlatte nicht, die Simon angelegt hat. Und die Frau erreicht das Maß natürlich erst recht nicht. Sie erhält den Stempel „Sünderin" aufgedrückt. Simon stellt sein Urteil nicht in Frage und stellt es auch nicht zur Diskussion. Er denkt distanziert von den Betroffenen, abgekapselt in sich selbst. So erhält das Gegenüber auch keine Chance, sich anders zu erweisen. Mit einer Plakatierung und Abstempelung lebt es sich gut geordnet, freilich aber auch auf Kosten von anderen und in einer vereinfachten Welt, die der tatsächlichen nicht entspricht.

Jesus weiß um diese nicht offen geäußerte Einstellung und gibt Simon im Gleichnis vom Schuldner eine Chance zu einer anderen Sichtweise. Jener Schuldner liebt seinen Herrn am meisten, dem am meisten Schuld erlassen wurde. Das leuchtet selbst Simon ein. Er kann aber den Sinn dessen noch nicht erfassen. Jesus hilft erneut nach. Als Gastgeber hat Simon nicht alle Register der Freundschaft gezogen, er hat Jesus nicht selbst die Füße gewaschen, hat nicht... Das ist kein Vorwurf Jesu, aber er veranschaulicht, dass es dem Simon letztlich an der freundschaftlichen Zuneigung im Ausmaß der Liebe der Frau fehlte. Jesus weist Simon darauf hin: Entscheidendes geschieht auf der Beziehungsebene, nicht auf der sogenannten Sachebene. Und das könnte Simon von der Frau lernen, von der er sich so distanziert. Beziehung wächst durch Liebe und bleibt durch sie erhalten.

Und zum Schluss die Perspektive der beobachtenden Gäste
Die Augenzeugen haben auch viel zu lernen, insbesondere den Umgang mit einer jesuanischen Spiritualität. Er geht ganz nah an den Menschen heran, wird greifbar, berührbar, spürbar, unmittelbar. Sie sind durch den Duft auch sinnlich angesprochen. Sie nehmen wahr, wie er sieht: Die stadtbekannte Sünderin ist die große Liebende. Jesus selbst gibt ihr den Namen „die Frau, die mir so viel Liebe gezeigt hat". Die Anwesenden können Jesu Sichtweise versuchen. Auf jeden Fall regt diese Sichtweise dazu an, feste Bilder hinter sich zu lassen und offen und neugierig zu fragen. So kann sich ihnen Anderes und Neues auftun.

Wenn ich selbst die Perspektive der Gäste einnehme, wird mir deutlich: Die Frau hat Jesu nicht nur ihre Liebe gezeigt, sie hat auch für alle Anwesenden augenscheinlich gemacht, wie frau liebt, wie man liebt. Sie hat ihnen vorgelebt, wie sich Liebe erweisen kann. Nach Joh 13 wäscht Jesus vor dem letzten, dem Abendmahl seinen Jüngern die Füße. „Wenn ich dich nicht wasche, hast du keinen Anteil an mir." (Joh 13,8). Indem die Liebende Jesu Füße wäscht, erhält sie Anteil an ihm, findet einen Ort in seinem Herzen und in der Heilsgeschichte Gottes.

LITERATUR
Sölle, Dorothee und Schottroff, Luise, Jesus von Nazaret. dtv portrait, 2000.
Schottroff, Luise und Wacker, Marie-Theres (Hg.), Kompendium Feministische Bibelauslegung. Chr. Kaiser Gütersloher Verlagshaus, 2. Auflage, 1999.
Janssen, Claudia und Lamb, Regine. Das Evangelium nach Lukas. Die Erniedrigten werden erhöht. in: Frauenbibelarbeit – Frauenarmut. Durchbrüche des Reiches Gottes im Alltag, Lk 8,1-3.
Halbfas, Hubertus. Die Bibel. Patmos, 2001.
Fischer-Rizzi, Susanne, Botschaft an den Himmel. Anwendung, Wirkung und Geschichten von duftendem Räucherwerk. Heyne Verlag, 1996.
Brockhaus, Biblisches Wörterbuch. Brockhaus Verlag, Wuppertal, 1985.

Bibelarbeit

▨ 1. Auf den Text zugehen – Motivationsphase

▷ *Einleitung* der Leiterin: Viele Menschen neigen dazu, andere zu beurteilen, sie in Kategorien einzuteilen, ihnen ein bestimmtes Etikett „aufzukleben" und ihr Bild festzuschreiben. Im schlimmsten Fall wird jemand als „böse" oder „sündig" abgestempelt. Wir fragen uns bei der heutigen Bibelarbeit:

- Wie verschieden beurteilen wir Menschen?
- Aus welchem Blickwinkel tun wir es? Distanziert, anteilnehmend?
- Was tut uns selbst gut, wenn wir Betroffene sind? Was empfinden wir als verletzend?

Nicht selten sind es Frauen, die abgewertet und abgeschrieben werden. Um eine solche Frau, die bis in die jüngste Zeit immer mit dem Etikett „Sünderin" behaftet war und häufig noch ist, geht es in der Bibelarbeit.

▷ In die Runde wird ein großes Plakat gelegt, auf dem der Umriss einer Frau in der Mitte eingezeichnet ist. Auf diese „Frau" weisen viele verschieden lange Pfeile hin, die ebenfalls auf das Plakat gezeichnet sind.

Die Teilnehmerinnen sind eingeladen, sich vorzustellen, dass eine Frau von Menschen als „sündig" und „böse" gesehen wird. Die verschieden langen Pfeile stehen für solche, die näher oder weiter weg zu ihr stehen, also verschiedene Perspektiven haben. Sie schreiben auf die Pfeile mögliche Kommentare und Gedanken von Menschen, die sie abqualifizieren und abstempeln, z.B. „So eine", „die da", „Ich habe mir ja immer gedacht...".

▷ Danach schreiben sie innerhalb des Umrisses, wie eine solchermaßen abgestempelte Frau möglicherweise denken und empfinden wird.

▷ Zum Schluss schauen alle noch einmal gemeinsam auf das Entstandene. Was fällt beim Schauen auf das Gesamte auf?

▷ Fortführend überlegen die Frauen in der Gruppe zuerst persönlich, dann im Austausch miteinander:
- Habe ich solche Sätze in meinem Leben auch gehört oder selbst schon gesagt?
- Wo habe ich mich als „böse Frau" erlebt oder bin als solche abgestempelt worden? Wo stemple ich möglicherweise selber ab?
- Welche Frauen wurden in der Geschichte immer wieder als „böse" verurteilt?
- Welche Eigenschaften, Einstellungen von Frauen werden heute noch als „böse" abgelehnt?

2. Vom Text ausgehen - Textarbeitsphase

▷ Die Bibelstelle wird *gelesen* (Lukas 7, 36-50); dann ein zweites Mal. Beim ersten Mal achten die Teilnehmerinnen (TN) besonders auf die Perspektive Simons, aus der er die Frau sieht. Beim zweiten Mal auf die von Jesus, wie er sie wahrnimmt.

▷ Nach dem Lesen werden erste Beobachtungen ausgetauscht und notiert.

▷ *Rollengespräch:* Die drei wichtigsten Beteiligten dieser Stelle kommen zu Wort:
- Simon (der Gesetze und Normen kritisch verteidigt)
- Jesus (der die Frau und Simon wahrnimmt und sich ihnen zuwendet)
- die salbende Frau (die Jesus ganz zugewandt ist).

Dazu wird in der Gruppe ein farbiges Tuch für jede der drei Personen ausgewählt. Die drei verschiedenfarbigen Tücher liegen nun im Raum. Der Austausch beginnt mit dem Tuch des Simon. Alle TN stehen um das Tuch herum. Sie können nun, indem sie auf alle Anwesenden achten, Worte, Empfindungen, Gedanken in den Mund des kritischen Simon legen, indem sie diese laut äußern. Jede Wortmeldung wird gehört, keine wird kommentiert. Die Botschaften bzw. Sätze sind in der „Ich-Form", z.B. „Ich, Simon, denke mir: Die da ist unglaublich frech. Wie kann man sich nur so daneben benehmen..." .

Wenn die Worte Simons beendet sind, wird das nächste Tuch, das für Jesus steht, aufgesucht. Jetzt werden Jesus-Sätze geäußert. Abschließend geht die Gruppe zum dritten Tuch. Nun werden Sätze der Frau in den Raum gesagt, wobei wieder wie bei den vorigen Malen Jesus und Simon gegenwärtig gedacht werden.

▷ Anschließend wird in der Gesamtrunde ausgetauscht:
• Was hat mich berührt – auch an der gemeinsamen Standort-Identifikation, und an der Bibelstelle? Welches Profil hatte „Simon"?
• Welches „Jesus" und die „Frau"?
• Welche verschiedenen Bilder der Frau erhalten wir aus den einzelnen Blickpunkten?

▷ Nun wird am Text noch einmal genau überprüft, welche Perspektiven im Blick auf die Frau zutage treten. Besonders der Gegensatz zwischen Simons und Jesu Blick wird in einer Gegenüberstellung herausgearbeitet.

Gemeinsam wird auch dem nachgegangen, was Jesus mit seinem Gleichnis – das exponiert in der Mitte der Erzählung steht - Simon letztlich sagen will und warum er diese Form des Ansprechens wohl wählt.

3. Mit dem Text weitergehen - Aneignungsphase

Jesus hat in seinem Gleichnis sehr deutlich gemacht, dass die entscheidende Perspektive die der Nähe und Beziehung ist und dass sie das Gegenüber würdigt - im Gegensatz zu Simon, der aus der Distanz sein Urteil fällt, bei sich selbst. Simon wertet ab, Jesus aber würdigt das Tun der Frau.

Die Salbung steht für Zuwendung und Wohltat am anderen und letztlich für das Geben überhaupt. Nach Jesus steht sie für Liebe schlechthin.

So kann das Salben die Teilnehmerinnen noch tiefer in die Botschaft des Textes hineinführen.

Dazu wird eine Übung angeboten.

▷ *Imagination:* Die Leiterin fordert die Teilnehmerinnen auf, einen Platz im Raum zu suchen, dann stehend oder sitzend zur Ruhe zu kommen. Damit die Teilnehmerinnen bei sich ankommen können, beginnt die Leiterin mit einer Körperübung. Dabei wird der Körper bewusst wahrgenommen: Die Anleitung kann so lauten:

Wie stehe/sitze ich? Die Füße werden geerdet. Und mit dem Atem wandere ich von den Füßen ruhig und bewusst durch meinen Körper bis in den Kopf. Dann stelle ich mir vor, dass ein lauwarmes, wohlriechendes und überaus wertvolles „Öl" über mein Haupt gegossen wird. Mit den Fingern kann nun dieses „Öl", das nicht aufhört zu tropfen, über den ganzen Körper verteilt werden und fließen und leicht mit den Fingerspitzen einmassiert werden bis hinunter zu den Füßen. Ich spüre nach, wie sich mein Körper anfühlt, welche Auswirkung dieses „Öl" auf mein Befinden hat.

▷ *Partnerübung:* Danach suchen die Teilnehmerinnen eine Partnerin für eine kleine Übung. Die Zweiergruppen finden Platz im Raum, setzen sich und stellen ein kleines Gefäß (Gläschen) mit Duftöl (z.B. Rosenöl aus der Drogerie) bereit. Die Partnerin wird eingesalbt – entweder die Hände oder das Gesicht. Dabei bestimmt die Partnerin den Körperteil. Wenn dies geschehen ist, nimmt sich die Gesalbte wahr und bedankt sich bei der Wohltäterin. Partnerinnen-Wechsel.

▷ Bei viel Zeit und entsprechender Vertrautheit in der Gruppe eventuell: *Austausch in der Gesamtrunde:* Was habe ich erlebt – was habe ich gefühlt?

▷ *Meditation:* Langsam wird der folgende Text gelesen, anschließend können ihn die TN in einer kurzen Stille noch nachklingen lassen:

Nardenöl

ihr Haar
durchtränkt von Öl
und Tränen
atmet jene Liebe
die sein Herz
bewegt

Angelika Gassner

▷ Als Abschluss der biblischen Einheit können die Frauen sich gegenseitig den Segen geben, indem sie eine eigene Form dafür finden.

Anna Kiesow

Wie böse sind sie, die biblischen Frauen? Ein Streifzug

Eine Büttenrede zu lustigen Festen einer Frauengruppe oder zu Fasching

*Anm. der Red.: Im folgenden Vortrag beginnt jeder Abschnitt mit einem Frage-/
Antwort-Witz. Die Vortragende kann die Gruppe raten lassen oder die Antwort
nach einer kleinen Nachdenkpause selbst beantworten. Die Gliederungsüber-
schriften der Zwischenabschnitte (durch die Redaktion) dienen der Übersicht, sollten aber nicht mitgelesen werden.*

> *„Was sagte Gott nach der Erschaffung des Mannes?"*
> *„Das kann ich besser."*

Eine Frau schlägt die Bibel auf und beschließt, sie von A bis Z, also vom Buch Genesis bis zur Offenbarung des Johannes durchzulesen. Gut, teilweise etwas trocke-
ne Materie – aber: Gesagt, getan. Komplett gelesen. Hinterher hat frau mehr offe-
ne Fragen als vorher.

Selbstbestimmte Frauen
Der Verdacht schleicht sich ein, die Bibel scheine von Männern für Männer geschrieben worden zu sein: Gerade mal drei-einhalb von 66 biblischen Büchern
wurden nach Frauen benannt: das Buch Rut, das Buch Judit, das Buch Ester und
das Buch „Kohelet" – das hebräische Wort heißt übersetzt: „Predigerin". Damit
liegt die Frauenquote der Bibel sogar noch unter der von Professorinnen an deutschen Unis.
Das Buch Rut scheint – wenn man es mit heutigen Augen und heutigem Verständnis liest –, die biblische Entsprechung zur Lesbenquote zu bieten, denn dort
erklärt eine Frau einer anderen explizit ihre Liebe: „Wo du hingehst, da will auch
ich hingehen"(Rut 1,16). In den Büchern Judit und Ester hingegen sorgen die Held-
innen dafür, dass es den Feinden ihres Volkes an den Kragen geht – Judit sogar
höchstpersönlich, indem sie dem feindlichen Heerführer den Kopf abschlägt (Jdt
13,6-10). Das ist natürlich eine recht radikale, aber zugegebenermaßen dauerhafte
Lösung des Geschlechterkriegs. Die „Predigerin" hingegen denkt, dass Gewalt die
Lage nicht verbessert, denn: „Den Mächtigen decken Mächtige, hinter denen stehen noch Mächtigere" (Koh 5,7b). Zwar entdeckt die gründliche Leserin in der
Bibel durchaus auch Politikerinnen, Prophetinnen und Apostolinnen – aber trotzdem enthält die Bibel keine 5 Bücher Mirjam (wie die 5 Bücher Mose), kein pro-
phetisches Buch Hulda (2 Kön 22,14-20) oder Noadjah (Neh 6,14), kein Evange-

lium nach Maria Magdalena (Mk 15,40-41; 16,1-8), keine Briefe von Priska oder Junia (Röm 16,3.7), keine Offenbarung der Prophetin von Thyatira (Offb 2,20). Wo sind die alle abgeblieben?

Die trockenen Rechtstexte der Bücher Leviticus oder Deuteronomium erwecken den Eindruck, in der biblischen Lebenswelt seien Frauen im wesentlichen männliches Eigentum gewesen, kaum besser als Vieh. Oder was sonst sollte frau aus folgendem Gesetz schließen: „Wenn ein Mann einem Mädchen begegnet, das noch nicht verlobt ist und sie vergewaltigt und dabei erwischt wird, soll der Mann dem Vater des Mädchens 15 Silberschekel zahlen und sie heiraten. Er darf sie niemals verstoßen" (Dtn 22,28-29 gekürzt). Angewidert blättert frau danach schnell weiter und stößt ein paar hundert Seiten später zufällig auf das poetische Hohelied. Nach dessen Lektüre vermutet die überraschte Leserin, biblische Frauen hätten ihre Zeit wohl doch im wesentlichen damit verbracht, sich in freier Natur der freien Liebe hinzugeben und dort auf schwellenden Polstern glutäugige Jünglinge zu vernaschen.

„Warum wollen Männer Jungfrauen?"
„Weil sie keine Kritik vertragen."

Einen eigenen Kopf haben und ihn auch nutzen
Schnell zurückgeblättert zu den Gesetzestexten des Buches Deuteronomium: Lag da vielleicht ein Missverständnis vor? Nein, alles beim alten: Starker Held, bewunderndes Betthäschen – qua Geschlechterrollen hat sich zwischen Bibel und James-Bond-Filmen keine große Entwicklung aufgetan. Nur so lässt sich folgender Gesetzesvorschlag erklären: „Eine Frau soll nicht die Ausrüstung eines Mannes und ein Mann keine Frauenkleider tragen" (Dtn 22,5).

Frau könnte beinahe meinen, damals habe es schon eine gewisse bayerische Partei gegeben: Die ideale Frau ist „besonnen, ehrenhaft, häuslich, gütig und ihrem Mann gehorsam" (Tit 2,5), außerdem fleißig: „Eine tüchtige Frau ist die Krone ihres Gatten, eine schändliche wie Fäulnis in seinen Knochen" (Spr 12,4) und fromm: „Trügerisch ist Anmut, vergänglich Schönheit; eine Frau, die Gott fürchtet, verdient Lob" (Spr 31,30). Eine konfliktfreudige Frau hingegen, eine Frau, die nicht auf den Mund gefallen ist, verkörpert die männliche Horrorvorstellung: „Wie ein ständig tropfendes Dach ist das Gezänk einer Frau" (Spr 19,13b; 26,15); „besser in einer Ecke des Daches wohnen als mit einer streitsüchtigen Frau im gemeinsamen Haus" (Spr 21,9; 25,24); „besser in der Wüste wohnen als sich mit einer streitsüchtigen Frau herumzuärgern" (Spr 21,19).

Offen gelebtes sexuelles Begehren
Noch schlimmer als eine schlagfertige oder scharfzüngige Frau ist nur eine sexuell selbstbestimmte Frau: Als die Frau des Potifar ein Auge auf Josef warf und ihn aufforderte: „Schlaf mit mir!", mag dieses Urbild männlicher Keuschheit sich tugend-

haft verweigert haben und schreiend aus dem Haus gerannt sein (Gen 39,7-12) –
andere Jünglinge standen entsprechenden Offerten offensichtlich deutlich aufge-
schlossener gegenüber: „Ich schaute durch das Hausfenster hinaus und sah einen
dummen jungen Mann. Er ging abends aus, überquerte die Straße, bog um die Ecke
und nahm den Weg zu ihrem Haus. Da! Eine Frau geht auf ihn zu, in ein Huren-
kleid gekleidet und hinterlistig. Sie ist leidenschaftlich und unbändig, ihre Füße haben zu Hause keine Ruhe. Sie hält ihn fest und küsst ihn: „Ich habe dich gesucht -
und gefunden! Komm, wir wollen bis zum Morgen in Liebe schwelgen, uns am Liebesspiel berauschen! Mein Mann ist nicht zu Hause und kommt erst am Voll-
mondstag zurück!" (Spr 7,6-20 gekürzt)

Das klingt eigentlich ähnlich sexuell freizügig und selbstbestimmt wie die Aktio-
nen der Frau im Hohenlied: „Ich schlief, doch mein Herz war wach. Horch, mein
Geliebter klopft: ‚Mach auf, meine Freundin!' Ich stand auf, um meinem Geliebten
zu öffnen. Doch er war weg. Ich suchte ihn, aber ich fand ihn nicht. Ich rief ihn,
aber er antwortete nicht... Ich beschwöre euch, Töchter Jerusalems, wenn ihr meinen Geliebten findet, sagt ihm, ich bin krank vor Liebe" (Hld 5,2-8 gekürzt). Oder:
„Ich gehöre meinem Geliebten, und ihn verlang nach mir. Komm, mein Geliebter,
wir wandern auf das Land, schlafen wir in den Dörfern. Früh wollen wir dann zu
den Weinbergen gehen und sehen, ob der Weinstock schon treibt ...‚ob die Gra-
natbäume blühen. Dort schenke ich dir meine Liebe. Die Liebesäpfel duften, an
unserer Tür warten alle köstlichen Früchte..., für dich habe ich sie aufgehoben, Geliebter." (Hld 7,11-14 gekürzt). Wer spricht hier eigentlich, fragt sich die moderne
Bibelleserin jetzt verwirrt: Die Stimme weiblichen Begehrens oder die Stimme
heimlicher Männerfantasie?

Jedenfalls ist der Inhalt inakzeptabel für Klatschbasen und Tugendbolde beider-
lei Geschlechts – egal, ob sich nun Demi Moore oder eine antike Demetria oder
Delila einen 20 Jahre jüngeren Liebhaber angelt: Hinter den nachbarlichen Spit-
zenvorhängen zischelt sofort jemand: „Ein goldener Ring im Rüssel eines Schweins
– das ist eine Frau, schön, aber sittenlos" (Spr 11,22) und im Blätterwald rauscht
es besserwisserisch: „Die Weisheit bewahre dich vor der Frau eines anderen, vor
der Fremden, die verführerisch redet, den Gefährten ihrer Jugend verlässt und
ihren Bund vor Gott vergisst" (Spr 2,16-17). Die „fremde Frau" – das ist im Buch
der Sprüche „die Andere", die „böse Frau" – physisch wie psychisch verführerisch,
deren Worte, deren Lippen, Zunge und Mund honigsüß und glatt wie Öl sind (Spr
5,3.20; 6,24; 7,5) und die für unbedarfte Männer eine „tiefe Grube und ein enger
Brunnen" ist (Spr 22,14; 23,27). Diese von keinen Gewissensbissen geplagte fem-
me fatale (Frau, die ihrem Partner zum Verhängnis wird Anm. der Red.) „isst,
wischt sich den Mund und sagt: ‚Ich habe nichts Böses getan'" (Spr 30,20b). Die
besorgte Stimme der Vernunft hinter den Spitzengardinen erhebt warnend den
Zeigefinger: „Gib deine Kraft nicht den Frauen hin"(Spr 31,3a); Vorsicht: „Wein
und Weiber machen das Herz zügellos" (Spr 19,2a).

Schlecht – das ist „Wein, Weib und Gesang". Und eine schlechte Frau – das ist
eine „zügellose", eine ungehemmte, eine sexuell selbstbestimmte Frau.

„Warum einen Mann einstellen?"
„Weil sich keine Frau beworben hat."

Täterinnen mit Durchsetzungskraft, Einfluss, Kapital
Jutta Limbach saß als Verfassungsrichterin in Karlsruhe, die „Flammenfrau" Debora dagegen als Richterin unter einer Palme nahe Bet-El (Ri 4,4-5). Jutta Limbach war als Kandidatin für das Amt der Bundespräsidentin im Gespräch; Debora war de facto Staatschefin – sie berief einen Heerführer und führte einen Krieg. Obwohl sie einen Krieg anzettelte, war Debora in biblischer Sicht eine „gute Frau" – genauso wie Jael, die im Verlauf dieses Krieges dem gegnerischen Heerführer den Kopf einschlug. Jael wird sogar „gesegnet" genannt (Ri 5,24). Nicht alle biblischen PolitikerInnen und nicht alle biblischen MörderInnen kommen so gut davon – die Seite, auf der sie stehen, ist entscheidend.

Dass eine Frau einen Mann umbringt – das ist in der biblischen Vergangenheit wie in der heutigen deutschen Gegenwart deutlich seltener im Vergleich zu der Möglichkeit, dass ein Mann einen anderen Mann oder eine Frau umbringt. In der Bibel wird so ein Mord - und entsprechend die Mörderin – nur als negativ bewertet, wenn das Opfer auf der Seite der „Guten" steht: Dies ist beispielsweise der Fall, als Delila an Simsons Tötung entscheidend mitwirkt (Ri 16,18-21) oder Herodias, die Frau des Herodes Antipas, diesen dazu bringt, Johannes den Täufer hinrichten zu lassen (Mk 6,17-28). Die obengenannte Jael allerdings schlägt Sisera den Kopf ein (Ri 4,21; 5,26-27), eine namenlose Verteidigerin der Stadt Tebez dem Angreifer Abimelech den seinen (Ri 9,53-54) und Judith macht Holofernes um einen Kopf kürzer (Jdt 13,6-10). Die Opfer sind jeweils die gegnerischen Heerführer; die Damen stehen auf der Seite der „Guten".

Wie für biblische Mörderinnen gilt auch für biblische Kapitalistinnen: Nutzen sie ihr Geld, um ihre Häuser mit exotischen Materialien zu schmücken, räkeln sich auch wochentags auf dem Sofa und sagen zu ihren Männern: ‚Schafft Wein herbei, wir wollen ein Gelage halten!' (Am 3,12b.15; 4,1b), werden sie als „fette Baschankühe" (Am 4,1) beschimpft. Leisten sie hingegen in den Augen der biblischen Erzähler „gute Werke" – beispielsweise indem sie Kultbilder kaufen (Ri 17,3-4), den Wiederaufbau der Stadtmauer Jerusalems (Neh 3,12) oder den Lebensunterhalt von Leviten (Ri 17,10) bzw. JüngerInnen Jesu (Lk 8,3) finanzieren, erscheint persönlicher Reichtum den biblischen Erzählern deutlich weniger tadelnswert.

„Politik verdirbt den Charakter": Einen miserablen Ruf genossen in der Regel Frauen, die reale politische Macht ausübten. Hillary Clinton war nicht das erste Opfer einer Rufmordkampagne - das ging schon Isebel und ihrer Tochter oder Schwiegertochter Ataljah nicht besser: Hillary hatte die Whitewater-Affäre auszusitzen; Königin Isebel ähnlich anrüchige Immobiliengeschäfte. Laut biblischem Bericht ließ sie einen unbescholtenen Bürger ermorden, um ihren Mann an dessen Grundstück kommen zu lassen (1 Kön 18,1–19,18) – aber König David ließ sogar einen unbescholtenen Offizier ermorden, nur um seine Affäre mit dessen Frau zu verbergen (2 Sam 11). Trotzdem wird Isebel als Hexe und Hure beschimpft (2 Kön

9,22), David hingegen bleibt ein strahlender Held, wenn auch in leicht verbeulter Rüstung. Nun gut, die Königin Atalja ließ laut biblischen Bericht eine Reihe politischer Konkurrenten umbringen (2 Kön 11,2) – aber welcher männliche Herrscher tat das denn nicht? An erster Stelle springen der Leserin da die Morde von Ataljas (Südreich Juda) Gegenspieler Jehu (Nordreich Israel) ins Auge (2 Kön 9,27; 10,12-14) – trotzdem gilt Jehu als vorbildlicher Eiferer für den wahren Glauben, Atalja hingegen als „ruchlose" Götzendienerin (2 Chr 24,7).

Eine schlechte Frau – das ist eine Frau, die reich und/ oder mächtig ist.

Und eine abgrundtief schlechte Frau – das ist eine reiche, eine mächtige Frau, die auf der falschen Seite steht.

„Warum sind Blondinenwitze so kurz?"
„Damit Männer sie sich merken können."

Selbstbestimmung – einen eigenen Kopf haben und ihn auch nutzen – offen ausgesprochenes, offen gelebtes sexuelles Begehren – Klugheit, Beredtheit, Durchsetzungskraft – eigenes Geld – politische Macht – auf der falschen Seite stehen: All dies kann einer Frau ein Negativ-Image eintragen. Es gibt *eine* wirksame Gegenstrategie: Eine ironisch gehobene Augenbraue, ein zuckender Mundwinkel, ein Grinsen, ein Giggeln – und schließlich: lautes, selbstbewusstes, von Herzen kommendes Gelächter ☺

Agnes Wuckelt

Provokation inszenieren

Bereits die biblischen AutorInnen haben Texte verändert, neu akzentuiert oder verfremdet. Geschichte wurde immer wieder neu geschrieben, Überlieferungen wurden umgestaltet. Ein Beispiel hierfür ist etwa der Dekalog (die sogenannten 10 Gebote, vgl. Ex 20,1-7 und Dtn 6,1-17) oder die Bergpredigt des Matthäus und die Feldrede des Lukas (vgl. Mt 5,3-11 und Lk 6,20-26). Wenn wir in der Bibelarbeit verfremdend produktiv mit der Überlieferung umgehen, handeln wir demnach nicht anders als die biblischen VerfasserInnen. Durch die Transformation (Umformung und Umformulierung) biblischer Texte können neue Zugänge zu vermeintlich gut bekannten Texten geschaffen bzw. schwierige oder gar anstößige Texte erschlossen werden. Im Folgenden sollen einige Wege zur Neubelebung solcher Texte vorgestellt werden, die Frauen auf einseitige Weise als „böse" Frauen darstellen.

Eine Frage der Perspektive

Jeder Text schildert Geschehen aus einer oder mehreren Perspektiven von Menschen (Personen, die im Text vorkommen oder VerfasserInnen, LeserInnen usw.. Die Bearbeitung der Perspektive kann mögliche Dimensionen der Aussage eines Textes verdeutlichen. Kurt Marti verändert in seiner Interpretation von Mk 14,3-9 sowohl den Blick auf die salbende Frau als auch auf Jesus und stellt somit einen zunächst befremdlichen Aspekt der Salbung in den Vordergrund:

salbung in bethanien

auch das noch –

mit crème de beauté
von einem emphatischen
mädchen gesalbt

und so

wie ein gigolo duftend
im tanzgriff
von madame la mort –

doch er lächelt und dankt

Kurt Marti 1984

(Anm. der Red.: crème de beautè = Schönheitscreme; madame la mort = Frau Tod)

Ein Vergleich des biblischen Textes und seiner Bearbeitung durch Kurt Marti zeigt, welche Aspekte letzterer aufgreift und wie er diese übersetzt und akzentuiert:

Mk 14,3-9	*Kurt Marti*
4 Da murrten etliche bei sich selbst:	auch das noch
3 mit einer Alabasterflasche von echter,	
teurer Nardensalbe	mit crème de beauté
kam eine Frau; sie zerbrach die	von einem emphatischen
Alabasterflasche und goss sie ihm	mädchen gesalbt
über das Haupt	
	und so
4 Wozu ist diese Vergeudung der Salbe	
geschehen	wie ein gigolo duftend
6 Jesus aber sprach: 8 Sie hat im voraus	im Tanzgriff
meinen Leib zum Begräbnis gesalbt	von madame la mort
6 Sie hat eine schöne Tat an mir getan.	
8 Was sie vermochte, hat sie getan.	doch er lächelt und dankt

Diese Form der Neuakzentuierung kann auch im Rahmen einer Bibelarbeit angewandt werden. Die Teilnehmerinnen schreiben auf eine Blatthälfte zentrale Aussagen des biblischen Textes, die sie auf der anderen Blatthälfte neu umschreiben und in ein Gedicht fassen. Dabei kann eine Aussage des Textes verstärkt oder abgeschwächt, neu akzentuiert oder in ihr Gegenteil verkehrt werden. Die Teilnehmerinnen stellen sich das Ergebnis ihres Neuschreibens vor und tauschen sich über die Wirkung der neuen Texte aus.

Ein Perspektivenwechsel kann des weiteren durch einen Rollentausch erfolgen. Die Bibel selbst bietet dazu einige Anregungen, insofern sie vergleichbare Ereignisse jeweils von einem Mann bzw. von einer Frau erzählt:

Josef und die Verführerin (Gen 39,6-21)	*Amnon und Tamar (2 Sam 13,1-22)*
6 Josef war schön von Gestalt und Aussehen.	1 Abschalom, der Sohn Davids, hatte eine schöne Schwester namens Tamar.
7 Die Frau seines Herrn warf ihren Blick auf Josef und sagte: Schlaf mit mir.	Amnon, der Sohn Davids, verliebte sich in sie ... und wurde fast krank wegen seiner Schwester.
8 Er weigerte sich und sagte: Mein Herr hat mir nichts vorenthalten als dich, denn du bist seine Frau.	
9 Wie könnte ich da so großes Unrecht begehen und gegen Gott sündigen?	12 So etwas tut man in Israel nicht. Begeh keine solche Schandtat!
10 Obwohl sie Tag für Tag auf Josef einredete, bei ihr zu schlafen und ihr zu Willen zu sein, hörte er nicht auf sie.	

11 An einem Tag ... war niemand vom Hausgesinde anwesend.
12 Da packte sie ihn an seinem Gewand und sagte: Schlaf mit mir!

Er ließ sein Gewand in ihrer Hand

und lief hinaus.

13 Als sie sah, dass ... er hinausgelaufen war,
14 rief sie nach ihrem Hausgesinde und sagte zu den Leuten: ... Er ist zu mir gekommen und wollte mit mir schlafen, da habe ich laut geschrieen.
17 Ihrem Mann erzählte sie die gleiche Geschichte.
20 Er ließ Josef ergreifen und in den Kerker bringen.

Dort blieb er im Gefängnis.

21 Aber der Herr war mit Josef. Er wandte ihm das Wohlwollen und die Gunst des

9 Amnon ... sagte: Schickt alle hinaus!

11 Als sie (Tamar) ihm den Kuchen zum Essen reichte, griff er nach ihr und sagte zu ihr: Komm, leg dich zu mir, Schwester!
12 Sie antwortete ihm: Nein, mein Bruder, entehre mich nicht!
14 Doch Amnon wollte nicht auf sie hören, sondern packte sie und zwang sie, mit ihm zu schlafen.
15 Hinterher aber empfand Amnon eine sehr große Abneigung gegen sie; ja, der Hass, mit dem er sie nun hasste, war größer als die Liebe, mit der er sie geliebt hatte.
Amnon sagte zu ihr: Steh auf, geh weg!
16 Sie erwiderte ihm: Nicht doch! Wenn du mich wegschickst, wäre das ein noch größeres Unrecht als das, das du mir schon angetan hast.
Er aber wollte nicht auf sie hören,
17 sondern rief den jungen Mann, der in seinen Diensten stand und sagte:

Bringt dieses Mädchen da von mir weg auf die Straße hinaus, und schließt die Tür hinter ihr ab!

19 Tamar aber streute sich Asche auf das Haupt und zerriss das Ärmelkleid, das sie anhatte, sie legte ihre Hand auf den Kopf und lief schreiend weg.
20 Ihr Bruder Abschalom fragte sie: War dein Bruder Amnon mit dir zusammen? Spricht nicht darüber, meine Schwester, er ist ja dein Bruder. Nimm dir die Sache nicht so zu Herzen! Von da an lebte Tamar einsam im Haus ihres Bruders Abschalom.
21 Doch der König David erfuhr von der ganzen Sache und wurde darüber

Gefängnisleiters zu.

sehr zornig.

22 Abschalom aber redete nicht mehr mit seinem Bruder Amnon; er hasste Amnon, weil dieser seine Schwester Tamar vergewaltigt hatte.

Im Vergleich der Texte erarbeiten die Teilnehmerinnen Unterschiede und Gemeinsamkeiten: Wie lässt sich das jeweilige Machtverhältnis beschreiben? Welche Strategien und Argumente setzen Josef bzw. Tamar ein? Welche Auswirkungen hat das Geschehen auf den Handlungsträger bzw. die Handlungsträgerin? Anschließend bringen die Teilnehmerinnen Josef und Tamar ins Gespräch.

Ergänzend oder alternativ kann über ein Gespräch zwischen der Frau des Potifar, der „Verführerin" und Amnon, dem Vergewaltiger, geführt werden: Welche Motive haben sie, welche Strategien wenden sie an?

Dialoge schreiben

Bei dieser Methode geht es darum, das Charakteristische einer Person herauszuarbeiten: Über die Vermittlung von Inhalten hinaus gilt es, nonverbale (nichtsprachliche) Kommunikation und das, was in den mit einander sprechenden Menschen vorgeht, auszudrücken. Zunächst ein Beispiel:

„Er gab lange keine Antwort und sagte dann zu ihnen: Wer von euch noch nie gesündigt hat, der werfe als erster einen Stein auf sie. Als sie das hörten, gingen alle nacheinander fort. Einer blieb jedoch zurück und sagte:

Meister, machst du dir die Sache nicht zu einfach? Du scheinst von der Voraussetzung auszugehen, der Ehebruch dieser Frau sei eine einmalige Entgleisung. Aber du solltest einmal hören, was man in jener Stadt, wo diese Frau aufgewachsen ist, über sie redet. Sie führt nun einmal ein liederliches Leben. Niemand weiß zu sagen, von welchem ihrer Liebhaber das Kind stammt, das sie jetzt bei sich hat. Wenn du mehr über diese Frau erfahren willst, hier ist das Material, das ich sorgfältig geordnet und einer Illustrierten zur Veröffentlichung gegeben habe.

Als der Meister immer noch in den Sand schrieb und schwieg, fuhr der Mann fort:

Auch ich habe Verständnis für das Versagen eines Menschen, aber du gehst zu weit. Wie soll die Achtung vor den Geboten Gottes bestehen bleiben, wenn sie ungestraft übertreten werden dürfen? Man muss jede von Form von Schein demaskieren. Die Öffentlichkeit hat ein Anrecht darauf, die volle Wahrheit zu erfahren. Es geht mir nicht darum, irgend jemand bloßzustellen. Aber wer die Leute vor den Lastern warnen will, kommt nun einmal nicht umhin, diese

---

Laster darzustellen, auch wenn er damit viele Menschen schockiert.
Da wandte Jesus sich der Frau zu und sagte:
Wer Steine wirft, ist deshalb nicht ohne Sünde.
Und zu dem Mann gewandt, sagte er:
Hättest du die Frau gesteinigt, hättest du etwas weniger Schlimmes getan."

Walter Rupp 1985

In diesem Dialog, in Anlehnung an Joh 8,2-11 formuliert, versucht ein Klatsch-spaltenjournalist, mit Jesus ins Gespräch zu kommen. Durch das Schweigen Jesu genötigt, häuft er Argument auf Argument um sein Verhalten zu rechtfertigen – und setzt sich dadurch immer mehr ins Unrecht.

Zum Vorgehen in der Bibelarbeit: Die Teilnehmerinnen suchen mögliche Gesprächspartnerinnen und -partner Jesu, so etwa die beste Freundin der „Ehebrecherin", denjenigen, mit dem der Ehebruch begangen wurde oder die betrogene Ehefrau. Wie lässt sich die Beziehung dieser Menschen zu Jesus oder zur Ehebrecherin beschreiben, was fühlen sie, was möchten sie bewirken? Wie lässt sich ihre Sprechweise charakterisieren? Wie wirkt sich das Schweigen Jesu auf sie aus? Wie bringen sie Ablehnung oder Zustimmung zum Ausdruck? Der Dialog kann entweder verschriftlicht und der Gruppe vorgelesen oder als Spielszene präsentiert werden.

Das Schreiben eines Dialogs ist auch bei der Suche nach sinnvollen Entscheidungen hilfreich. Daher kann diese Methode eingesetzt werden, um die Entscheidung einer biblischen Person - beispielsweise die der Königin Isebel, über Intrige und Mord in den Besitz von Nabots Weinberg zu gelangen (1 Kön 21,1-29) - zu überprüfen und ggf. alternative Handlungsmöglichkeiten zu finden. Gibt es Parallelen zur eigenen Lebenssituation? Wie lässt sich ihr Habenwollen kritisch unter die Lupe nehmen? Welche Kreativlösungen lassen sich finden? Im Dialog kommt die gnadenlose Kritikerin ins Spiel, die aufgrund von vorhandenen Fakten und Erfahrungen unbeirrt sagt, was sie von der Angelegenheit hält.

Alternativen finden

Diese Methode hilft, zu neuen, unverbrauchten Sichtweisen zu gelangen. Dazu wird das Ereignis, Gefühl etc. aufgeschrieben, das verändert werden soll. Dann werden alle Wörter notiert, die mit diesem Ereignis, Gefühl assoziiert werden, um schließlich zu versuchen, mit diesen Wörtern das Ereignis, Gefühl etc. zu beschreiben.

Ereignis: Eva ist an allem Schuld
Assoziationen: erste Frau; Frau schlechthin; schön; lebendig; voller Leben; Mutter; alles und jedes; ganzer Umfang; ganz; gesamt; aller Anfang; verpflichtet sein; verantwortlich sein; Dank schulden.
Beschreibung: Eva: eine schöne Frau, voller Leben. Sie steht am Anfang als Mut-

ter alles Lebendigen, als Mutter aller Menschen. Sie ist für das Leben verantwortlich. Ihr sind wir verpflichtet, ihr schulden wir Dank.

Freispruch für Eva

...

Eva, du hast nicht den Tod zu den Menschen
gebracht, Mutter aller Lebendigen,
nicht die Schuld vererbst du an uns, du
schenkst die Kraft und Bereitschaft weiter,
ganz für das Leben zu sein

Eva, ich spreche dich frei,
ich weise den Rufmord zurück, der Ehre und
Freiheit dir abschnitt im Dienste männlicher
Herrschlust dich zum Freiwild erklärte und
zur stimmlosen Magd bis zum heutigen Tag.
Zur Ganzheit sind wir geboren als Töchter
Gottes

Christa Peikert-Flaspöhler, 1987

Inszenieren – in Szene setzen

Zu allen Zeiten inszenieren sich Menschen, setzen sich auf unterschiedliche Art und Weise in Szene. Dazu nutzen sie ihren Körper, aber auch entsprechende Requisiten bzw. andere Menschen. Sich oder etwas inszenieren schafft Aufmerksamkeit – das ist auch das Programm biblischer Menschen, z.B. der ProphetInnen. Durch die Inszenierung biblischer Personen und Ereignisse geschieht eine Veranschaulichung und Verlebendigung der Vergangenheit, geprägt und bestimmt von der Gegenwart. Diejenigen, die die Inszenierung vornehmen, bauen eine Brücke zwischen den Zeiten und Kulturen.

Das In-Szene-Setzen setzt zum einen die eigene Auseinandersetzung mit dem biblischen Text voraus; sei es durch exegetische Arbeit, durch Bibelteilen oder andere Methoden der Bibelarbeit. Zugleich geht es zum anderen darum, körperhaft in den Text hinzugehen, sich darin ggf. mit Hilfe geeigneter Gegenstände zu bewegen und die so gemachten Erfahrungen zu vermitteln.

Unter zeitlicher Perspektive bietet es sich an, für ein solches Projekt ein Wochenende einzuplanen. Als Vorarbeit kann der aufgezeigte Perspektivenwechsel, das Schreiben von Dialogen oder Alternativen helfen. Ein nächster Schritt besteht darin, am Körperausdruck zu arbeiten: Welche Körperhaltung, welche Mimik und Gestik ist der darzustellenden Person in den jeweiligen Situationen angemessen? Was sind ihre unverwechselbaren Kennzeichen? Mit welchen Kleidungsstücken oder Requisiten kann das Charakteristische dieser Person verstärkt werden?

Sicherlich wird durch das körperhafte In-Szene-Setzen die Subjektivität und Individualität der jeweiligen Interpretation in besonderer Weise deutlich, und zwar im Vergleich mit der sprachlichen Interpretation (die ebenfalls stets subjektiv ist) noch sinnen- und augenfälliger. Gerade darin liegt jedoch die Möglichkeit, die Bedeutung oder die Provokation einer biblischen Person bzw. eines Ereignisses um diese Person zu aktualisieren, ihr Leben zu geben.

In der Bibelarbeit wird es nicht primäres Ziel sein, ein aufführungsreifes „Theaterstück" zu kreieren. Vielmehr eröffnet sich die Chance, eigene Erfahrungen und sich selbst zum Bibeltext in Beziehung zu setzen und das Ergebnis dieser Annäherung im geschützten Raum der Gruppe spielerisch zum Ausdruck zu bringen.

Mögliche Schritte einer Inszenierung:
1. Auswahl und Lektüre des Bibeltextes
2. Spontane Äußerungen sammeln und Verständnisfragen klären
3. Handlung, Ort und Zeit der Handlung beschreiben
4. Handlung in Szenen aufteilen
5. HandlungsträgerInnen benennen und charakterisieren
6. für jede Handlungsträger/in eine Rollenkarte anfertigen

Name der Person, Herkunft, Familie _____
Alter _____
Funktion _____
(besondere) Kennzeichen _____
was von ihr erzählt wird (außerhalb des jeweiligen Textes) _____
was mir an ihr gefällt _____
was mit an ihr nicht gefällt _____

7. Rollenkarten verteilen (Möglichkeit der freien Wahl!; ggf. übernehmen zwei Personen die gleiche Rolle)
8. in Stillarbeit Auseinandersetzung mit der Rolle (ggf. in einem zweiten Schritt die Rolle in Partnerinarbeit besprechen)
9. Körperarbeit (pantomimisch den jeweiligen Körperausdruck ausprobieren)
10. Dialoge für die einzelnen Szenen schreiben und laut lesen
11. Körper- und Sprachausdruck zusammenbringen; das Ergebnis in der Gruppe diskutieren
12. passende Kleidungsstücke und Requisiten (evtl. auch passende Musik) zusammenstellen
13. Szene für Szene erarbeiten
14. Szenen zur Inszenierung zusammenfügen (Drehbuch)
15. Austausch der Erfahrungen

Die Inszenierung dient zunächst dazu, das im Text Erzählte und die handelnden Personen „textgetreu" darzustellen; so kann z.B. durch das In-Szene-Setzen die im Text liegende Provokation (etwa das Über-Leichen-Gehen der Isebel in ihrer Ungeheuerlichkeit veranschaulicht werden. Interessant ist es, sich über das mit der Rollenübernahme verbundene Gefühl auszutauschen. Wird tatsächlich stets Abneigung und Protest aufkommen oder kommt es auch zu gegenteiligen Gefühlen (Wenn ich die Macht und Möglichkeit hätte, dann würde ich auch...)?

Des weiteren kann die Inszenierung Alternativen aufzeigen: Was wäre gewesen, wenn...? (Wie) Hätte sich die Geschichte verändert, wenn...? Ein besonderer Effekt kann erzielt werden, wenn zwei Personen zwar die gleiche Rolle übernehmen, sie aber jeweils anders ausführen. In diesem Fall kann alternativ jede Szene in zwei Varianten dargestellt werden oder jeweils unterbrochen werden (kritische Intervention des „Schattens").

Anregungen, die Rolle biblischer Frauen auszugestalten, finden sich zuhauf; hier können Nicht-Geübte Anleihen nehmen; exemplarisch hier ein Ausschnitt aus der Arbeit von Christine Friebe-Baron:

Ich bin Maria aus Magdala. Ihr meint, mich zu kennen? Das glaube ich nicht. Ihr habt euch ein Bild von mir zurechtgezimmert, das wenig mit der Wirklichkeit zu tun hat. Habt ihr Angst vor mir? Oder warum habt ihr mein Bild vermischt mit jener Frau, die Jesus die Füße salbte? Warum musstet ihr eine Sünderin, gar eine Hure aus mir machen? Sollte es nicht mehrere, verschiedene Frauen in Jesu Nähe geben? ...

Über das, was an jenem Morgen, den ihr „Ostermorgen" nennt, geschah, kann ich nicht sprechen. Er ist mir begegnet – das muss für euch genug sein...

Friebe-Baron 1988

Grundsätzlich aber sind Phantasie und Kreativität der Teilnehmerinnen gefragt und gefordert. Sie bringen in der Inszenierung auch ihr eigenes Leben zur Sprache, ihre Vorstellungen und Werte, ihre Erfahrungen, Wünsche und Sehnsüchte. Gerade in der Auseinandersetzung mit anderen - fremden und oder gar provozierenden – Figuren und Schicksalen findet ein Lernprozess statt, der zu neuer Selbsterfahrung führen kann

LITERATUR
Friebe-Baron, Christine, Ferne Schwestern, ihr seid mir nah. Begegnungen mit Frauen aus biblischer Zeit, Kreuz Verlag, Stuttgart 1988, S. 111, 117, © Christine Friebe-Baron
Marti, Kurt, geduld und revolte, Radius Verlag, Stuttgart 1984, S. 58
Peikert-Flaspöhler, Christa, in: Sigrid und Horst Klaus Berg (Hg.), Frauen. Biblische Texte verfremdet 6, Kösel Verlag, Stuttgart-München 1987, 23, © Christa Peikert-Flaspöhler, Minsk, Belarus
Rupp, Walter, Erstaunliche Gleichnisse, Styria Pichler Verlag , Graz u.a. 1985, S. 113 f., © P. Walter Rupp, München

Anhang

Register

Sachinformationen (Kasten)

Bild- und Textnachweis

Die Textnachweise sind jeweils am Ende der Artikel unter LITERATUR zu finden.
Die Bildnachweise sind jeweils unter den Bildern zu finden.
Sollte es uns trotz gewissenhafter Bemühungen in einzelnen Fällen nicht gelungen sein, die
Rechtsinhaber zu finden, bitten wir diese, sich gegebenenfalls mit dem Verlag Katholisches
Bibelwerk in Verbindung zu setzen.

Die Herausgeberinnen

Dr. Bettina Eltrop, Ostfildern, geb. 1961, Promotion über „Kinder im Matthäusevangelium, seit 1994
Referentin im Katholischen Bibelwerk e.V. in Stuttgart mit dem Schwerpunkt Redaktionen, Bibelarbeit mit Frauen, Familien, Bibel und Tanz
Dr. Sabine Bieberstein, Bamberg, geb. 1962, Promotion über Geschlechter- und Wirklichkeitskon-
struktionen im Lukasevangelium, freischaffende Referentin in der biblischen Erwachsenenbildung
und Fortbildung kirchlicher MitarbeiterInnen
Dipl.-Theol. Anneliese Hecht, Stuttgart, geb. 1954, seit 1982 Referentin beim Katholischen Bibelwerk
e.V. mit den Schwerpunkten: Kurse für Methoden der Bibelarbeit in Gruppen, vor allem text- und
lebensbezogene Zugänge, wie erfahrungsorientierte Ansätze, Bibliodrama, Ausdruckstanz, Biblische Figuren
Dr. Hedwig Lamberty-Zielinski, Alfter, geb. 1957, Promotion über das Schilfmeermotiv im Alten Testament, seit 1990 Theologische Referentin für die Kath. Frauengemeinschaft im Erzbistum Köln,
Supervisorin.
Dr. Gabriele Theuer, Stuttgart, geb. 1965, Promotion im Alten Testament über Mondgottheiten im alt-
syrischen Raum und in Palästina, Referentin für den Grundkurs Bibel in der Diözese Rottenburg-
Stuttgart, Tätigkeit in der biblischen Erwachsenenbildung.

Die AutorInnen

Dr. Sabine Bieberstein, s.o.
Dr. Bettina Eltrop, s.o.
Mag. Angelika Gassner, Studium der Religionspädagogik, Anglistik und Amerikanistik, 11
Jahre Lehrerin, seit 2000 Leiterin des Diözesanen Frauenreferats in Feldkirch, Freie Mitarbeiterin des Bibelwerks, beim Österreichischen Rundfunk
Dr. Anna Kiesow, geb. 1966, Studium der ev. Theologie in Münster, Berlin, Heidelberg, Am-
sterdam, Promotion im Fach AT in Berlin: „Löwinnen von Juda. Frauen als Subjekte politischer Macht in der judäischen Königszeit" (1999); Mitarbeit im Hedwig-Jahnow-Forschungsprojekt und daraus hervorgegangenen Buch zu einer feministischen Anthropologie im AT: „Körperkonzepte im Ersten Testament", Stuttgart 2003; laufendes Projekt: „Rea-
ding Isaiah" aus der Perspektive von AT'lerinnen weltweit. Beruflich: Wissenschaftsjournali-
stin, Pressereferentin, später Projektmanagerin in der Mikrotechnik, aktuell: hauptberuflich
Vikarin der EKHN (Mainz), nebenberuflich science editor für VNU (Berlin).
Prof. Dr. Ilse Müllner, geboren 1966 in Wien, hat in Wien, Tübingen und Münster Katholi-
sche Theologie studiert. Sie lehrt Altes Testament an der Universität Kassel.
Dr. Eleonore Reuter, Studium der Theologie, Semitistik, Chemie; Promotion 1992 über
„Kultzentralisation", Erwachsenenbildnerin für biblische Themen (z.B. Grundkurs Bibel),
Psychodramaassistentin
Dr. Sonja Angelika Strube, geb. 1968, studierte Psychologie, Philosophie und Katholische
Theologie, Promotion 1999 (NT); 3 Jahre Leiterin des Fachbereichs Frauenbildung einer
kath. Akademie; z.Z. Wissenschaftliche Mitarbeiterin an der Universität Paderborn und

Lehrbeauftragte an der Philosophisch-Theologischen Hochschule Münster; Arbeit an einer Habilitation im Schnittpunkt von Praktischer Theologie und Exegese.
Dr. Gabriele Theuer, s.o.
Marliese Walter, geb. 1945, Schwendi/Oberschwaben, Erwachsenenbildnerin, Schwerpunkte: Bibelarbeit in der Gemeinde, Frauenkreise und Trauerbegleitung
Prof. Dr. Agnes Wuckelt, Lichtenau, geb. 1949, seit 1986 Professorin für Religionspädagogik der Kath. Fachhochschule NW, Abt. Paderborn, Fachbereich Theologie, Schwerpunkte: Bibeldidaktik, Genderforschung

Der Redaktionskreis

Dr. habil. Ulrike Bechmann, geb. 1958, Exegetin, Magister im Islamwissenschaft und Arabistik, Privatdozentin in Biblischer Theologie in Bamberg, Habilitationsthema: Abraham: Beschwörungsformel oder Präzisierungsquelle?
Inge Eberhardt, Bonn, geb. 1941, Bekleidungsingenieurin, Kursleiterin für Biblische Figuren
Dr. Bettina Eltrop, s.o.
Dipl.-Theol. Anneliese Hecht, s.o.
Doris Henseler, Düsseldorf, Geschäftsführerin des KlensVerlag GmbH
Dr. Hedwig Lamberty-Zielinski, s.o.
Annegret Puttkammer, Wiesbaden, evangelische Pfarrerin in Wiesbaden-Dotzheim
Dr. Gabriele Theuer, s.o.
Marliese Walter, geb 1945, Schwendi/Oberschwaben, Hauswirtschafterin und Erwachsenenbildnerin,
Schwerpunkte: Bibelarbeit in der Gemeinde, Frauenkreise und Trauerbegleitung
Dipl.-Theol. Herbert Wilfart, Stuttgart, geb. 1948, Lektor im Verlag Katholisches Bibelwerk